独りじゃないよ

川村妙慶 著

二玄社

目次

独りじゃないよ

Ⅰ　生き方さがし

Ⅱ 悩みはつきなくとも 47

Ⅲ 気づいてほしいこと 83

装　丁　藤本京子（表現堂）
イラスト　うてなかよこ

I

生き方さがし

どん底に落ちても救われる道がある

東日本大震災のあと、ある方からこんなメールをいただきました。「こんなとき、仏さんは何もしてくれないのか？　なぜ仏さんはこんな仕打ちをするのですか？　信じられません」という内容でした。私は「ではあなたにとって仏とはどんな存在なのでしょうか？」と返事をしました。すると、「私は朝夕と勤行をしています。朝は『今日も健やかに過ごせますように』、夕は『ありがとうございました』と念じています」と返ってきました。私は「では健やかに過ごせなかったら、ありがとうございましたとは言えないということですね」と返信すると、「その通りですね」とまた返ってきたのです。

つまりこの方は仏さまに対し見返りをもとめてお念仏をし、その通りになれば感謝できるけれど、そうではなかったときにはありがとうどころか、もう信じることができないと怒りさえ湧いてくるのでしょう。

被害を避けるために仏教があるのではありません。私たちは自然の中で生かされていることを自覚しましょう、というのが仏教なのです。つまり「縁起の道理」の中で、私たちはこうして生かさせていただいているのです。この自然の中では、私たちは無力なのです。しかし、自分の力や思いの中で頑張れば何とかなれると考えるのが、私たち凡夫《ぼんぷ》なのです。たとえどのような状況になっても、事実から目をそらさず生き抜く原動力をいただく、それが仏教の教えではないでしょうか。

さて、別の方は「こうなったのは天罰だ」と言いました。では日ごろ良い行いをしていたら災害はないのでしょうか。苦しんでいる状況に「天罰」という言葉を使うべきではありません。それにはどこか「裁く心」がはたらいているのではないでしょうか。例えば、「お腹が痛いよ」と泣いている子どもに「日ごろの行いが悪いからだ」と言っても腹痛が治るわけでもなく、その子どもの心を傷つけるだけです。そうではなく「辛いか？　病院へ行こうか」と側に寄り添ってやるのが本当ではないでしょうか。

私のもとには毎日約二百通の悩みメールが届きます。十三年間それを見てきて、悩みを持つ人にはある共通点があるのだなと気がつきました。「私の人生はこれでよかったのか教えてください」「あの人とけんかしたのですが、どちらが悪いのでしょうか」。つまり良い悪い、白黒をつけないと気がおさまらないのです。

親鸞聖人は「善悪のふたつ総じてもって存知せざるなり」（歎異抄）とおっしゃいました。何が善であり、何が悪であるか、真っ二つに分けて考えることは、私たちには到底できないのです。本当に尊いことは勝ち負けではない。たとえ負けても、失敗しても、どんな状況になっても私が私として生きる道があるのだよ、ということを教えてくださっているのです。それが「お念仏をいただきましょう」ということなのです。

親鸞聖人も徹底的に自分を見つけようとされました。しかしどこにもその場所がなかったのです。そこには「私が生きている」という自力の生き方しかありませんでした。そうではなく、一人一人が大切ないのちをいただいて、自然の理の中で生かさせていただいているのだと気づいたとき、親鸞聖人も生きることが楽になったのです。いたずらに今の状況に逆らって生きるのではなく、目の前の事実と向き合うことで、一歩をあゆむことができるのです。

八六四〇〇秒を大切に生きる

会話というのはありがたいもので、そこから日ごろ気づかないことを学ぶことができます。先日も先輩の僧侶と話をしていて、こんな質問をされました。

「とてもユニークな銀行がある。その銀行は、毎朝自分の口座へ八六四〇〇ドルを振り込んでくれる。しかし不思議なことに、その口座の残高は一日が終わるとゼロになる。つまり、八六四〇〇ドルをその日に使い切らないと、残りはすべて消えてしまうということなんだ。妙慶さんだったらどうします?」

そんな大金が毎日ですか。すぐに、「私だったら毎朝八六四〇〇ドルの全額を引き出しますよ。せっかくいただけるんだから……」と答えました。

その先輩曰く、私たちは一人一人がその銀行を持っているのだそうです。それは「時間をあつかう銀行」です。単位をドルから秒に変えてみてください。まず毎朝、私たち一人一人に一日分の八六四〇〇秒が与えられます。そして上手に使い切れなかった時間は消されてしまうのです。それが翌日に繰り越されることはありません。翌日もまた新しい口座が開かれ、晩になるとその日の残りは消えてしまう、この繰り返しです。私たちは与えられた時間を毎日最大限、活用して生きなければいけないのです。

なかなかおもしろい発想ですね。

これを聞いて、「毎日を忙しく動き回ることが有意義な時間の使い方だ」と言う人もいると思います。たしかにせわしく動き回っていると「今日も生きた」という実感がありますね。しかしそれでは与えられた時間を、その意味も考えずに、ただただ使い切っていることになりませんか。あるいは使い切ることが目的になっていませんか。私たちが必要としているのは、充実した、後悔のない一日を送ることではないでしょうか。それが人生になっていくはずです。

それに、口座に毎日振り込まれる八六四〇〇秒もの時間を、あたり前のように使っていていいものでしょうか。何でもそうですが、「あたり前だ」と思っていると感謝の心も湧いてきません。毎日のご飯を食べることができてあたり前、いつも目の前の家族がいてあたり前、仕事があってあたり前。このあたり前という気持ちが、人間に何か大事なものを忘れさせています。


先日、テレビ番組の収録に行ったとき、プロデューサーの方とお話ししたことが印象に残っています。

昔は大物と言われる芸能人やタレントさんの一部には、「出演してやっている」という横柄な態度を隠さない人がずいぶんいたそうです。仕事のお願いをしても「ギャラ高いぞ!」となかば脅されたり、ようやく出演が決まっても、「何でそんなことまでしないといけないのか」とよく文句も言われたそうです。しかしこの不景気なご時世で、仕事が減ってくると、さすがにそうも言っていられません。ほとんどの人が謙虚な姿勢になってきたそうです。いいことですね。今までの「人気があるんだからあたり前」という感覚が、「仕事をいただいている」に変わったのです。そうすると仕事に対してはじめて「ありがとう」が言えるようになります。

銀行口座にある、あの時間に対しても同じことです。毎日振り込まれる八六四〇〇秒は「あたり前」じゃない、ありがたい時間をいただいていることに気づいたとき、一日の終わりに、自然と八六四〇〇秒に感謝する気持ちが生まれます。そしてその喜びが、あなたの心を、表情を和らげてくれることでしょう。

いつまでも続くと思わない

私たちは何か問題が出てくると「天にも祈る気持ち」で空を拝みそうになります。どこか高いところに神様がいるという思いがあるのでしょう。

よく「仏様と神様はどう違うの？」と聞かれます。私は、そこには存在として基本的な違いがあるよと返事をしています。ご存知のように仏教を広められたのはお釈迦さまです。人間として大いに悩まれたお釈迦さまは、人間とはまったくかけ離れた存在、スーパーマンではありません。しかもお釈迦さまが救ってくださるわけではなく、お釈迦さまが目覚めた世界、つまり「法」によって私たちは救われるのです。これが仏教の大切な教えです。お釈迦さまが命がけで苦しまれた中から悟った教えに、私たちは出遇わせていただくのです。

しかし私たちが悩み苦しんでいるときには、どこからか私たちを救ってくれるスーパーマンが現われないかと期待します。それが神様というものなのでしょう。それは誰も目にした者はいないけれど、人間が期待し、願ってつくり出したイメージなのです。もちろん神様を粗末にしていいわけではありません。山の神様、海の神様、それぞれに自分を守ってくださると思える存在を大切にすることは必要でしょう。しかし神様と私たち人間一人一人では、存在の次元がまるで異なるのです。

一方、仏様は崇めたてて救われるというものではなく、人が教えと出遇うことのできる道を明らかにしてくださいます。ここに親鸞聖人の大事な教えがあるのです。

ああ夢幻にして真にあらず、寿夭《じゅよう》にして保ちがたし。呼吸の頃に、す

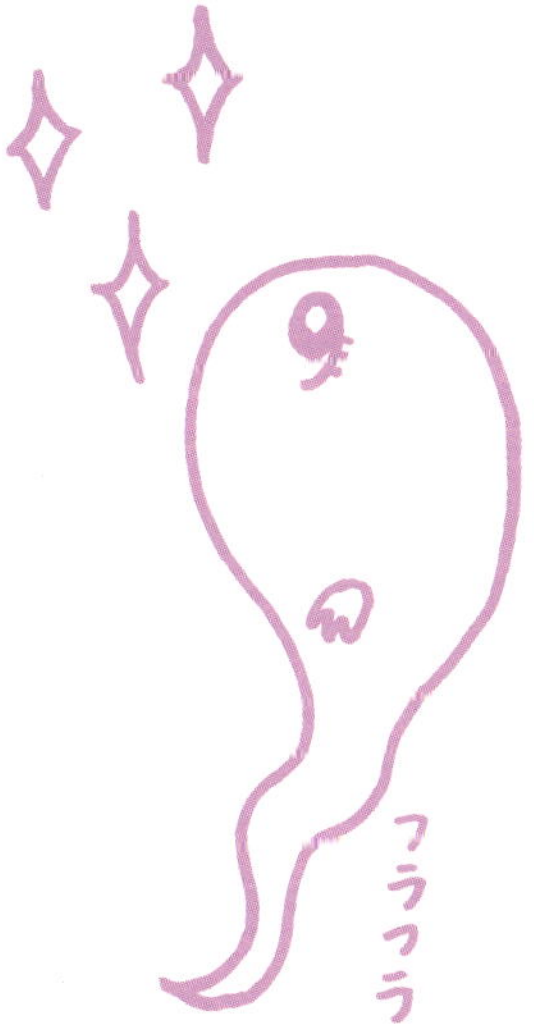

なわちこれ来生なり、一たび人身を失いつれば、万劫にも復せず。この時悟らずば、仏もし衆生をいかがしたまわん。願わくは深く無常を念じて、いたずらに後悔を貽《のこ》すことなかれと。

——「楽邦文類《らくほうもんるい》」(教行信証《きょうぎょうしんしょう》)

人生は夢幻の如く真といえません。いのちは「夭」、親鸞聖人はこの字の左に仮名を付して「もろし」と意読されています。いのちは大変もろくて保つことは難しいのです。いつ息が絶えるか、これは誰にも決められません。誰もが必ずそういう形で果てていくのです。そしてひとたび人間としてのいのちを失ったならば、永劫にわたり復することはないのです。

「この時悟らずば」、これは、人間として何が大事かということ、そのことに目を覚まさないならば、「仏もし衆生をいかがしたまわん」、これは仏さまでもどうすることもできないという意味です。

仏さまはまず私たちに目覚めてほしいと呼びかけてくださいます。目覚めないものは仏さまであっても助けることはできないのです。いつまでも何とはなしにこのまま生きていけるだろうと甘い夢を抱いていれば、結局何をしていたのかもわからず、後悔や空しさだけが残るような人生になります。それでは自分を生きたことにはなりません。

「そのうちなんとかなるか」とあいまいな期待を未来に託すのが私たちです。人生がいつまでもあるように思い、今本当にしなければならないことを後回しにすることにもなります。

人の一生は自分の思い通りに過ごせるわけではありません。一生かけてでもこれだけはやりたいというものを、今見つけてほしいと、親鸞さんは投げかけておられるのです。

職場でも家庭でも思った通りにならず、失敗を重ねることもあります。そうなると、今の辛い状態がどれだけ続くか見当もつきません。しかし、そんなときこそ、苦しみから目をそらさないでほしい。悩んで悩み抜くことを、自分にとって本当に大事なことに気づくチャンスに変えてください。「私はこれでもって生きていく」というものをつかんだとき、あなたの立ち位置がはっきりと見えてくるでしょう。

「今日も仕事か」とつぶやきながら出かける私の背に、夫が「いつまでもあると思うな……」と一言。

この言葉にドキッとしたものの、納得できました。

今日、仕事に出会ったご縁に感謝して、私なりに精一杯尽くさせていただこう。そう思いながら今日も出かけましょう。その毎日の繰り返しが足跡となり、やがて一つの道となることを願って。

目に見えない力のはたらき

新幹線の構内のベンチに座っていると、隣から親子の会話が聞こえてきました。「お父さん、どうして電車は走るの？」と質問する子どもさんに、父親は「電気の力で走るんだよ」と答えていました。その子はさらに「電気って見てみたい。どうしたら電気の力って目に見えるの？」とたずねました。

父親は一瞬困ったようでしたが、「電気の力は目には見えないけど、間違いなくそこには力がはたらいているんだよ」と返事をしていました。なにげない会話でしたが、ドキッとするものがありました。

「はたらいている」とはどういうことでしょうか？

「はたらく」の語源は傍楽（はた・らく）だそうです。「傍（はた）＝周りの人」が「楽（らく）」になるのが傍楽（はたらく）ということなんだとか。ただ報酬を得るだけではなく、周りの人に喜んでいただいてこそ、はたらく意味があるのですね。そこに人と人とのぬくもりが生まれます。
このはたらきが阿弥陀さんと私たちの関係なのです。

「教念弥陀専復専」といふは、「教」はをしふといふ、のりといふ、釈尊の教勅なり。「念」は心におもひさだめて、ともかくもはたらかぬこころなり。すなはち選択本願の名号を一向専修なれとをしへたまふ御ことなり。

——『唯信鈔文意《ゆいしんしょうもんい》』

「教」とは「教え」のことであり、「法」つまり仏の教えのことです。「念」とは心に思い定めて、余計な自分の解釈で物事を見ない心です。それは阿弥陀さまの願いをそのまま受けとめて行けよ、ということです。
阿弥陀さまは私たちに「肩の力を抜いて、そのまま信じてついておいで」とおっしゃっているのです。私たちの心はそうした「仏のはたらき」を無条件に受け取ればいいのです。

しかし私たちは疑い深いものですから、なかなかそれを「無条件」に受け入れることができません。目に見えない「はたらき」なんか信じることができないのです。ともすれば目に見える物だけの価値観で「これは自分にとってメリットがあるのかないのか」などと「計《はか》らい」でもって見ているのです。常に計算していて、自分にとってメリットがなければ信じなかったりするのです。

先日、鴨川を歩いていると、学生が凧をあげていました。凧は天高く伸びやかに舞っていました。

凧は「風」があってはじめてあがります。風は目には見えません。でもその風のはたらきがあるからこそ凧は空高く舞うことができるのです。

はじめに子どもが「電気の力って目に見えるの？」とたずねました。その形は見えませんがスイッチを入れれば、電気がつきます。目に見えない「はたらき」によって電気は暗い部屋を明るく照らしてくれるのです。

阿弥陀さんの光もそれと同じで、そのはたらきによって、暗い所では肉眼で見ることができないようなさまざまなものに、私たちは気づかせていただけるのです。

「冥加《みょうが》」という言葉がありますが、冥は目に見えないという意味、加とは力が加わるということです。つまり私たちの目に見えないところで、はかりしれない力が加わり、疑いなくその力がはたらいているということです。

親鸞さんは私たちに「南無阿弥陀仏」のお念仏を称えましょうとお示しくださいました。お念仏も目には見えませんね。

お念仏を称えたから幸せになる、ならないというのは私たちの計らいです。そうではなく無条件に合掌させていただく。その心に必ず仏さんは、はたらいてくださるのです。

邪魔者なんかいない

あなたは、自分のことが好きですか、それとも？　もし自分のことが好きになれないのなら、あなたは何を見ても、誰とお話ししても楽しめないのではないでしょうか。

私も二十代のころ、思ったほど仕事もなく悶々とした日々を送っていたことがありました。故郷へ帰っても、お寺はがらんとした建物があるだけで、何の役割も果たしていません。だから帰る気も起こらないのです。関西に残り、放送タレントとして生きてはいるものの、今ひとつ芽がでません。いただいた仕事も興味のないものばかりです。

そんな私に、真宗の教えを共に学ぶ「法友」が、東本願寺の近くで開かれる聞《もん》法会《ほうかい》に誘ってくださいました。聞法会では、聴講生の皆さん一人一人が輝いて見えました。私は自慢できるようなことは何もなく、温度差を感じていましたが、それでも毎週、聴聞させていただいていました。

そんなある日、講師の先生がアントニー・デ・メロという方の短編集にある「たんぽぽ」という作品を朗読してくれたのです。

先生は本を開き朗読しはじめました。「自分の庭の芝生を誰よりも自慢にしている男がいました。近所を見渡しても自分の家ほど立派な芝生を持っている庭はどこにもないのです。あるとき、その自慢の芝生の間からたんぽぽが出ていました。たんぽぽに栄養をとられては大変だということで、男はたんぽぽを抜き取ろうとするのです。しかし、きりがないほどたんぽぽは生えてきます。しまいには農薬を試してみるのですが、たんぽぽだけを枯れさせることができません。そこで農林省の専門家に手紙を書いたそうです。『どうしたらたんぽぽを絶滅させることができるでしょうか。このままでは自慢の芝生が台無しです』と。やがて返ってきた返事には、『そのたんぽぽを愛してみてはどうですか？』と書いてありました」

そこで講師の先生は本を閉じ、私たちの目を見つめながらおっしゃったのです。

「この男にとって自分の可愛がる芝生は愛せるけど、たんぽぽは邪魔な存在です。たんぽぽだけを抜き取り、芝生だけを愛したいというのが本心でしょう。しかし、現実問題はそうはいきません。好きな人だけと付き合えたらいいのでしょうが、なかには自分にとって都合の悪い人、嫌いな人もいます」と。

私たちの生活の中には「こんなものなくなってしまえばいい」というものはたくさんあるでしょうし、「あれさえなければ私の人生は変わったのに……」と思うことだってあります。今の自分が好きになれないのは、嫌なもの、不幸せと感じるものを自分から作り出しているからではないでしょうか。

講師の先生のお話をうかがったあと、「私は何が嫌なのだろう、何が面白くないのか」としばらく考えていました。そして、われに返ったのです。仕事が来ないのは、自分のトークに魅力がないせいなのだ。それなのに、「あのタレントがいつもいるから私には仕事が回ってこない」などと、まさしくたんぽぽの存在を恨んでいたのです。

なぜ私は自分らしいトークをしないのだろう。自分に自信が持てないからいつもオドオドとしたトークしかできない。そうした不安定さがあるから仕事も来ないのだ。やっとそこに気づくことができました。

私はあるタレントを自分の芝生の邪魔をするたんぽぽのように避けていたのですが、それからは、その人のことを「この人ってすごいな！　確かに人気があるはずだ」と認めることができるようになったのです。そのときようやく、自分の

ことも好きになれたのです。自分が好きになれたら、他人も愛することができます。

嫌なことを避けるのではなく、ときにはそういうものを受け入れていくことも必要です。

親鸞聖人も大いなる心で自分と向き合うことを教えてくださっています。それは憂いや悲しみも同時に包み込んでいくことです。

そうすることで、自分の心の器も大きくなっていくのですね。

格好をつけなさんな

今、「鬱」という症状で苦しんでいる方がどれほど多いことか。誰でもが「鬱」になる要素を持っていると思います。失敗したり、厳しく批判を受けたりしたら、どこかに逃げたくもなるし、閉じこもりたくもなります。

さて、「鬱蒼《うっそう》と茂る」という言い方がありますね。鬱という字は草木が群がり茂って盛んなありさまを表しているのだそうですが、それが茂りすぎて、光もささないような暗い状態を、「鬱蒼」というのだとか。

人間でいえば、せっかくやる気になっていたのに、周囲のさまたげに手足をとられて身動きできなくなって、落ち込んでしまった状態でしょうか。

希望を持って入社したのに、上司には毎日怒られる、同僚にはバカにされる。入試がダメだった。人前で失敗してしまった。

するとと自分というものが嫌になり、引きこもってしまうのです。しかしそれでは自分から大きな壁を作ってしまっていることになりませんか。

私たちは小さいときから「幸せになるために生きている」と教えられてきました。

「明けましておめでとう。今年は幸せがたくさん来ますように」

「あの会社に就職したんだから、人生ばら色だね」

「結婚おめでとう。どうかお幸せに」

こういう言葉は嬉しい半面、たび重なるとプレッシャーになることもあります。それに自分で「絶対に幸せになるんだ」と誓っても、人生そうは思い通りになりません。七転び八起きという言葉があるように、人生では七回くらいはこけるのです。

人は、こけるたびに、「なんで私はいつもこうなの？」「なぜこんな私に生まれてきたのだろう」「私には生きている価値があるの？」と自分を責める気持ちもエスカレートします。

しかし、こけることも成長への一歩なのですよ。挫折は、人生がまたここから始まるというスタートラインでもあるのです。

鬱の正体とは、思うように幸せになれない自分に対する憤り、他人や世間に対する不満を自分だけで抱え込んでいる姿なのです。自分で八方ふさがりにしているのです。

そんな鬱から解放される妙薬は、実はすべてに「ありがとう」と言える気持ちではないでしょうか。挫折も一つの出遇いと受けとることができたら、八方ふさがりの出口も、きっとどこかに見えてきます。

親鸞聖人は自らのことを「愚禿《ぐとく》」とおっしゃいました。

「愚」という字は、「土偶」（土人形）の偶に似ていますね。人形は形こそ人と似ていますが、心がありません。また「愚」という字は大きな頭をした物真似上手なサルを象形化した文字といわれています。人真似はできても、正しい判断はできないことを「愚」と表すのです。

先日、ヴァイオリンのコンサートで失敗したという方からメールをいただきました。

それからというもの、生きる気力さえも持てなくなったというのです。医師の診断では重度の鬱だそうです。思い余って、私のところへ「助けて」と訴えてこられました。

私が「あなたは何がしんどいの？」とたずねると、「あんな失敗をして、もう二度と舞台に出ることができない。このことがしんどい」とおっしゃいました。

しかしどんな人も完璧ということはありません。もう二度と出られないとは、誰が決めたのでしょうか？　その人はプライドのせいで、必要以上に大きく見せようとした自分をうまく表現できなかったことに、憤りを向けているのです。

そんな憤りを抱え込むのではなく、「これが私の実力なんだ」と認めて、「まだまだ私は何もできない愚かな人間なんだな」と自覚できたとき、自分本来の生き方が見えてくるのです。そうなれば、妙なプライドからも解放されて、しんどくなくなりますよ。

ひと言で言えば……格好なんかつけなくていいのですよ。

変わることのない大切なもの

「目の前が真っ暗です。いったい私は何を頼りに生きたらいいの」。ある女性からこう訴えられたことがあります。私たちが生きる原動力は「生きることのよろこび」から湧いてくるものです。それをすっかり失ったとき、私たちは絶望の闇の中で苦しむことになるのです。でも、その「よろこび」の正体って何でしょうか。

たとえば就職すること、仕事が軌道に乗ることもよろこび。お金が貯まっていくこともよろこび。好きな人ができて、結婚することもよろこびでしょう。あるいは子どもに恵まれることとか、その子どもや孫の成長もよろこびです。ほかにも世界旅行をする、毎日のお酒を美味しく味わいたい、健康でありたい、などなどきりがありません。しかしそれらのよろこびはいつまでも続く確かなものでしょうか。突然、その生きるよろこびのすべてが奪われれば、私たちは途方に暮れてしまいます。そして生きる意欲さえも失うのです。

さて、よろこびを失った人には、生きる意味がなくなるのでしょうか。私たちがよろこびと呼んでいるもののほとんどは、多かれ少なかれ、かりそめのものではないでしょうか。仕事の上での昇格、でもそのポストはいつまでも安泰でしょうか。財産が増えても、思わぬ出費が続いたり、詐欺にあってすべてをなくすことだって起こります。恋人や連れ合いと、いつまでも睦まじくいたいと思っても、人の心は移ろうこともままあるのです。「愛している」と優しく言葉をかけてくれた人に裏切られることだってあります。

子どもを授かり、大切に育てても、いつかあなたの元を離れるときが来ます。健康は誰にとっても大切ですが、避けることのできない病気もあります。そして、いつまでも長生きしたいと願っても、この世に生を受けた者は、やがて必ず「死」という現実を迎えいれなければなりません。

私たちは実は、移ろいゆくものを懸命に「つかもう」としているのです。「つかめる」と思っているのです。

『大般涅槃経《だいはつねはんぎょう》』に、

「愛に二種あり。一は餓鬼愛。二は法愛なり」という言葉があります。

愛といえば、どういうものを想像しますか？　自分の好きなものを可愛がるというイメージがありますね。しかし仏教では、「愛欲」とか「愛執」などと物事に対する強い欲望のことを指します。

それはどれだけ手に入れても、さらに欲しい欲しいという姿です。「お母さんこれ買って！」と欲望をあらわに駄々をこねている子どもに向かい、つい「このくそガキ」と思ったりするときのガキは、この餓鬼愛からきています。もちろん子どもにかぎったことではなく、大人も同じように「愛欲」に振り回されているのです。

私たちの欲望にかぎりがないのには理由があります。それは、生きる中での本当に確かなものがわかっていないから、持っていたら嬉しいだろうと想像できるものを、まず求めてしまうのです。

しかも私たちは他人と幸せの度合いを比較して、満足したり不満に思ったりしてしまいます。あの人に比べて私は給料が少ない、年齢のわりには若い、などと常に他人と見比べながら自分の位置に安心したり、不安になったりしているのです。

仏さまは比較する幸せのなかに本当の安らぎはないと教えてくれます。大切なのは「法愛」をいただくことなのです。法愛とは仏さまの温かいまなざしのことです。

私の友人は失明して今は何も見ることができません。するといろいろな宗教団体の人がやって来ては、「あなたほど不幸な人はいない。この宗教に入れば目が見えるようになって不安が吹き飛びますよ」と言ったそうです。そこで友人は「ありがとうございます。実は目が見えていたころにも悩みはたくさんあったのですよ。だから目が見えなくても、見えていても、悩みのあることには変わりがありませんから」と堂々とおっしゃったのだとか。すると、その人たちはみな、黙って帰っていったそうです。

友人は、親鸞さんの教えに出遇い、他人との比較が幸せや悩みの基準ではなく、生きる中で変わることのない、決して消えてなくなることのない「本当に大切なこと」があることを教えられ、力強く生きることができるようになったのです。

思い通りにならない世の中で

ある男性からの訴えです。「私は生まれたときから持病があって、苦労のし続けでした。それでもやっと結婚できたと思ったら、離婚に終わり、仕事も思い通りにはいきません。それなのにチャンスをものにして要領よく生きたり、異性にもてる人がいます。世の中どうしてこうも不公平なのですか？」

また、ある女性は二十年も引きこもりをして、現在五十歳。彼女は「周りの人がうらやましく見える。私だけが何もかもうまくいかない」と怨みの気持ちでいっぱいです。なぜ私をこんな人間に産んでくれたのかと母親に八つ当たりする毎日だそうです。誰だって、好きで引きこもりをしているわけではないのです。

なんとか自分の運命を変えようと、占いやおまじないに頼ろうとする人がいますが、私は占いを否定しません。なぜなら自分では気づかないアドバイスを得られることもあるからです。しかし、占いやおまじないが今の苦しみを消してくれるわけではありません。

さて、親鸞さんは「宿業《しゅくごう》の身《み》」とおっしゃいました。これは簡単に言うと「変えることのできない事実」ということです。

私たちには変えたくても変えることのできない事実がたくさんあります。容貌、体質、生まれた場所、それに親や兄弟姉妹を選ぶこともできません。「こんなのは私ではない」と思っても「私」という現実からは逃げられないのです。

仏教では「如意《にょい》」と「不如意《ふにょい》」という教えがあります。如意とは思い通りになることです。テレビや映画で『西遊記』を見られた方も多いでしょう。あの中で孫悟空がお釈迦さまのお供として登場します。この孫悟空が持っているのが「如意棒」で、伸縮自在、思うがままに操って暴れます。

それに対して「不如意」とは、思い通りにはならないという意味で、「宿業の身」とはまさしく「不如意なるもの」のことです。

思い通りにならない、この不如意という環境の中で我を通そうとすれば、「一切皆苦」となるわけです。

ではどうしたらいいのでしょうか。お釈迦さまは、自分の考えにこり固まらずに「八正道《はっしょうどう》」を歩めと教えて下さっています。

文字通りには八つの正道のことで、悪口や中傷する言葉を避け、欲望を棄て、独りよがりを戒める、などなどの教えですが、その八番目が「正定《しょうじょう》」。定とは心が静かに定まることで、落ち着いて世間の誘惑や不安や焦りにも惑わされず、心を集中すべし、ということです。

ひたすら我を通して、独りよがりの道を歩む人は、暗闇の中で灯りも持たず道をさがしているようなものです。独りよがりの道は暗いばかりか狭い道なので、すぐに壁にいきあたります。別の方向に向かってもまた壁です。すると「どうしてなんだ！」という怒りと怨みでいっぱいになって座りこんでしまうのです。

本当は、心を静かに落ち着ければ、暗闇の中からうっすらとでも道は見えてきます。道も暗闇で感じたほどは狭くない。その道をあなたにとっての縁だと思って歩んでいけばよいのです。他人の道と比べずに、それがあなただけの道だと覚悟して、勇気を持って生きていきましょう。

あなたは「役割」を持って生まれてきた

「私って、生きていても意味があるのかな？」こういう投げかけをなさる方がどれほど多いことか。

私たちは生まれようと思って生まれてきたのではありません。量ることのできないご縁をいただき、人間としてこの世に生をうけたのです。

一生のあいだに、女性が排卵する卵子の数は四百個前後、男性からは実に一兆を超える精子が造られるといわれています。気の遠くなるほどの生命誕生の可能性の中で、ただ一人、両親からのご縁であなたが生まれてきたのです。ですから、あなたが生まれたということは実に不思議なことでもあるのです。

自分の力では生まれることのなかった私たちに、自分の存在の意味付けなんかできません。それよりも、こう考えてみてはどうでしょう。私たちはあらかじめ一人一人の「役割」をもって生まれさせていただいたのだ、と。

いきなりですが、フレディー・グリーンというジャズギタリストをご存知でしょうか。かつてカウント・ベイシー楽団で半世紀にわたり、リズムを刻み続けた人です。

ジャズギタリストというと、まず速いフレーズを弾きまくるイメージがありますが、この人は生涯、ソロをとらず、ひたすらコードをカッティングすることに専念しました。ギターの持ち方もユニークで、まるで我が子を抱きかかえているようです。その音量はごく小さく、はじめはこれで聞きとれるだろうかというくらいです。

ところが、バンドマスターは、「フレディーのギターを聴け！」といつも演奏家たちに指示していたそうです。トランペットなどのソロ演奏が目立つ中であっても、彼のリズムギターはそれに振り回されることなく、安定したリズムを私たちの耳に届けてくれます。それは安らぎの音色であるとともに、そこからは自分の仕事に対する誇りが確かに伝わってきます。

クラシックの楽団でもそうですね。ヴァイオリンのように優雅な音色を表現できる楽器もあれば、ここぞとばかり鳴り響くシンバルのような楽器もあります。ファゴットのように目立たない音もあります。しかしそれぞれの音がなければ一つの曲はなりたたないのです。

私たちは誰だって、目立ちたいし、評価されたいし、かなうことなら褒められたい。そうするうちに、知らず知らずに周りを押しのけて、つまりは我がままに生きているのです。

しかし、誰からも認められるのが生きることの目標なのでしょうか？　それが本当に尊い生き方といえるのでしょうか？　高い評価を受けるということは、現状のレベルを維持しなければならないばかりか、さらに次なる上昇を目指さなければなりません。失敗したときには、「もう価値がなくなった」という厳しい評価が待っているのです。

　ところで、私の実兄は創作童話『その後の兎と亀』を書いています。兄は二十歳から七年間、引きこもっていました。それは、兄がお寺を継がなければならないという重圧の中にいたからです。その間、部屋でずっとこの物語を書いていました。

　ちょうど頼りたいと思う年頃には父が亡くなり、教員であった母は教師の子どもらしくと、厳格に育てようとしました。兄も自然と周りの評価の中で生きようと思っていました。しかしそれには応えられなかった。

　兄は苦しみながらもずっと部屋の中で、「自分の存在って何なのか？」と自問自答していたのです。そこから、よく比較される動物でもある「兎」と「亀」をテーマにした物語が生まれてきたのです。

　さて兎はなぜ負けたのでしょう？　それは亀を意識したからです。一方、亀は兎なんか意識していません。亀には勝つことが問題ではなかったのです。等身大の自分を見て、自分の信じた道をコツコツ進んだだけ。つまり「生きる」という、そのことがテーマだったのです。結果、勝っていただけなのです。

本当に立派なこととは、自分に与えられた役割をたゆみなく、精一杯続けていくことなのではないでしょうか。

小さいけれど、耳に残るギターの音色。自分のスタイルで黙々と仕事を続けたフレディー・グリーン。誰もがひたすら自分のできることをすることで、させていただくことで、はじめて「自分の役割」というものが見えてくるのです。

どうか焦らないでほしい。結果はあとからついてくるに違いないのだから。

Ⅱ

悩みはつきなくとも

生きにくい四つの理由

誰でも「なぜこんなに辛い思いをしてまでも生きないといけないのか」と現実を投げ出したいときがありますね。いったい何が苦しいのでしょうか。それは、私たちの心が四つの満たしたい尺度を持っているからだといわれています。

その四つの尺度とは常・楽・我・浄といいます。

最初の「常」というのは、常なることであり、いつまでもいつまでもと願うことです。例えば、あなたがお祝いのメッセージを送るときに「いつまでも若くいてね」「いつまでも健康でお元気で」「ずっと優しい人でいてね」などと書いたことはありませんか。

しかし、「いつまでも」にこめられた、「常」は長くは続きません。「無常」という言葉があるように、常はないのです。私たちは、都合の良いことは「ずっと続いてほしい」と願います。でも一方で、自分にとって不都合なことは「一刻も早く忘れたい」「消え去ってほしい」と思うものです。

いつまでも、いつまでも……、この気持ちが苦しみをつくるのです。「どう変わっても、私が引き受けたことなんだ」という気持ちで生きていく、このことが大切なのでしょう。

次は「楽」です。字のとおり、楽しいことであり、快適なことであり、不都合なことを嫌う心です。確かに楽しいことが毎日続けばいいですね。それは本音でしょうが、しかし、現実はといえば失敗や挫折の繰り返しです。そういうときには「どうして辛いことばかり……」「どうして自分だけが……」と思って落ち込みます。はじめから「楽しむこと」を頼みにしていますから、自分にとって困難なことには対応できないのです。

三番目の「我」とは、私がいつも中心であることを主張し、無視されることを何よりも恐れることです。

自分の思い通りにならないと「なぜ皆は私を認めないの」とイライラしてしまいます。それは、心の裏には「自分が思い通りになって当然だ」という気持ちがあるからです。

しかし私たちは人と人とのつながり、人間関係の中で生きています。相手がいます。その相手は思い通りになりません。「我」と「他人」が衝突する構造です。だから喧嘩、争いが起こるのです。

最後の「浄」は、自分はいつでも清廉潔白だと自信をもって生きていることです。そんなときに「あなたが悪い」「あなたのせいだ」と、ほかの人から責め立てられることがあると、「なんであなたに言われないといけないの」と逆切れしてしまうのです。それは、私だけは正直に真面目に生きているという「浄」の気持ちを持ち続けているからです。

この四つを満たそうと絶えず頑張っているのが私たちの姿ではないでしょうか。でも残念ながら、すべてが思い通りに満たされることはありません。

なぜなら、私たちは自然の中でそのまま生きさせていただいている生き物だからです。私たちが自然を作っているのではありません。

自分の心の尺度で常・楽・我・浄を実現させようとするかぎり、苦しみが絶えることはないのです。

仏教では常・楽・我・浄のことを、「四《し》顛《てん》倒《どう》」

といいます。道理に背いた四つの考え方という意味です。

自分というものを中心にものを考えているかぎりは、常に周りを恨むことにしかなりません。今生きているのは、偶然のいのちを生かさせていただいているのです。私が頑張って生きていくという気持ちが強くあるかぎり、現実には衰えていくこの身を恐れて生き続けることになります。

仏法はそういう私たちに目覚めを促しているのです。

苦の原因がわかれば、苦に押しつぶされることはありません。

悩みのない世界なんて

前の章（P.24）でたんぽぽのお話をしました。きれいに手入れされた芝生に生えてくるたんぽぽは、ほんとうに邪魔者なのかどうか。むしろ人はたんぽぽのような存在を自分で作り出して不幸せになっているんじゃないか、そんな内容でしたね。

その後、私はあのたんぽぽの話にも通じる、もうひとつのささやかな体験から、自分の生きる世界をあらためて見つめるきっかけを得ました。

先日、久しぶりに洋服を着て外出しました。するとどうも足裏に何かが当たり歩きにくいのです。そんなときにかぎって、「妙慶さん！　どちらまで？」と知人から声がかかります。それで話をしながらいっしょに歩くことになり、まだチクチクとする足が気になってしかたがないのですが、止まるわけもいかず痛みを我慢して歩きつづけました。駅に着いたところで片方の靴を脱いで逆さまにして振ってみると、五ミリ大の石が落ちたのです。靴の中のその小石のせいで、何とも居心地が悪かったのですね。

そうか、なるほど！　この小石が私たちにとっては会いたくもない、付き合いたくもない人なのだ。

それに私から見るとそれはうっとうしい小石ですが、人間関係に置き換えてみれば、他人にとっては私が小石なのかもしれません。

私たちはできることなら極楽世界に住んでみたいと憧れるものです。しかし、それは不可能なのです。極楽とまではいかなくとも、気の合う仲間だけでいつまでも暮らしたいと思うことはあるでしょう。でもそれも案外、長続きしないものだということを知ってほしいのです。

気の合う仲間だったはずが、ほんの小さなきっかけでしっくりこなくなり、やがて恨みや憎しみさえ抱き合う関係に発展することがあります。なぜなら私たちの心はいつも一定ではないからです。その時々の気分で生きています。だから人間関係だって一瞬にして変わる可能性があるのです。

私たちが身を置いて生きているのは「娑婆世界」です。残念ながらそれは百パーセント清らかな世界とはほど遠いのです。

「娑婆」とは梵語の「サハー」または「サバー」という言葉をこの二文字の漢字に当てはめて読んでいます。

「サハー」とは、「忍土」あるいは「堪忍土」と訳されます。つまり私たちが住んでいる世界は楽しいばかりではないということです。それどころか、あるときは苦しく、じっと堪え忍んでいかねばならない。この堪忍していかねばならないのが、「娑婆」のひとつの意味なのです。

もう一つの語源は「サバー」。仏教辞典を調べてみると、「あなたの衆生が雑居する」とあります。雑会・雑々という意味なのです。

いろんな心の人がゴッチャに生活をしているのが、私どもの今住んでいる人間世界ということです。

やや極端に言います。我が子を虐待し、死に追いやる親がいるのも娑婆なら、そこには我が身の危険を顧みず、他人を助けずにはおれないというような心の人もいます。残虐としか思えないような心の持ち主と、一方で慈愛にみちた菩薩のような心の持ち主がゴッチャに生活している。

それがこの「サバー」――娑婆の世界なのです。

娑婆永劫《ようごう》の苦をすてて
浄土無為を期すること
本師釈迦のちからなり
長時に慈恩を報ずべし

――「善導讃《ぜんどうさん》」（高僧和讃《こうそうわさん》）

なぜ生きることが辛いのか。それは逆にいえば「楽しい世界で生きたい」という思いが強すぎるからなのかもしれません。

私たちが生きる世界は苦悩に満ち満ちている娑婆なのです。だからこそ、阿弥陀さんは、人を必ず救い取って浄土へ導くと誓ってくださいました。

私はお寺に生まれ、父親を早くに亡くしました。すると二百軒もあったご門徒がすべて去って行ったのです。耳に入ってくるのは励ましどころか、父や私を責める言葉ばかり。そのころは、寺に生まれなければよかった、あの親は私にいったい何を残したのかと恨んだこともありました。

しかし、今振り返って思うことは、その苦悩の中で生きさせていただいたからこそ、親鸞さんの教えや、真実の教えを説きたもうた釈尊に対して、感謝の気持ちが湧き起こってきたのです。これが何の悩みもなければ感謝という気持ちは浮かばなかったでしょう。

悩みや苦しみのときは、喜びをいただく前の準備期間だったと思っています。

この娑婆世界の中でこそ、人間は優しくも強くもなれるのです。

怒りに振り回されないで

不思議なもので忙しい時には何かと用事が重なるものです。しかも年齢とともに、体も思うようについてきてくれなくなります。

痛みを我慢していた肩の筋が悪化し、ついに動かなくなってしまったのです。なんとか朝からの掃除、台所仕事、収納の整理など家事を終えましたが、昼からは大学の講義、打ち合わせと続きます。ようやく時間を作って整骨院へ行きましたが、この日にかぎって多くの患者さんがおられ、順番を待つことになりました。ふと時計を見ると、もう五時。「ああ、このままでは夕食の準備が間に合わない」と気持ちばかりが焦ります。

やっと診察が終わり、急いで買い物をして帰宅。すると夫は待ちきれずに冷凍のお好み焼きを一人で食べていました。「せっかく夕食のメニューを考えていたのに、何で勝手に食べてしまうの……」とムカッときました。

でもそのとき、私は「何に対して腹を立てているのだろう」と考えてみたのです。私は夕食を先に済ませてしまった夫に対しての怒りよりも、夕食時間に帰ることができなかった自分にイライラしていたようです。つまり、完璧に一日を終えようとしてもできない自分に腹を立てていたのです。


仏教では、心を不安定にするものを「三毒の煩悩」と教えてくれます。

一つは、瞋恚《しんに》です。これは怒りやいら立ちの心です。あの時の私は、「なぜこんなに一日がバタバタするの？　何でこんなときに体が言うことをきいてくれないの？　誰か手伝ってよ」といういら立ちを感じていたのです。その火の粉のような真っ赤な怒りで目がくらみ、冷静に状況を見ることができなかったのです。

二つ目は愚痴《ぐち》です。愚も「おろか」、痴も「おろか」と読みます。自分の至らなさに気づかず、相手にただ文句を言ったり責めたりするのです。

三つ目は貪欲《とんよく》です。忙しいのなら用事を一つ減らしたり、断ったり、諦めたりしたらいいのに、必要以上にむさぼり求める心があったのです。どうやらあの時の私はひとりで「三毒」をやっていたようです。

親鸞聖人は、「凡夫というは無明煩悩われらが身にみちみちて、欲もおほく、いかり、はらだち、そねみ、ねたむ心おほくひまなくして、臨終の一念にいたるまでとどまらず、きえず、たえずと……」（一念多念文意）とおっしゃっています。

煩悩の「煩」は火です。目の前に大きな火の粉が燃え、本当の生き方を見失っているのです。それは臨終の一念に至るまでとどまることはないよと親鸞さんは呼びかけます。

人はあれもこれもと欲張り、それが思うようにいかないとイライラが出て、それが他人への怒りにもなります。そんな時、逆の発想をしてみたらいいのですね。目の前でお好み焼きを食べている夫に、「ごめんね、遅くなって。でも冷凍庫のお好み焼きによく気がついたね」と言えば、私の気持ちだって治まるのです。家事をそつなくこなそうとする自分に、「たまには怠けてみようか」と言えばいいのです。

ただでさえ忙しいときに、さらに「これはどうしても私がしなくては」と思うから自分の首を絞めるようなことになってしまうのです。ただむさぼり求める心では本当の生き方を見失ってしまいます。

親鸞さんは、この三毒の煩悩をなくしましょうとはおっしゃっていません。む

しろこの煩悩を抱えた私を、そのまま「阿弥陀さまが救ってくださいます」とおっしゃいました。

大切なのは煩悩に振り回されないということです。いら立ちが出そうになったとき、他人に怒りを向けそうになったとき、胸に手をあて、「またそろそろ自分の都合で物事を見ているな。欲望がむき出しになってきたな」と思えば、イライラや怒りの納めどころもわかってきますよ。

自分のこだわりを手放すこと

辛い状況に陥ったとき、あなたが信徒の方なら、「私の業が深いからなの？」と落ち込んだこともあるんじゃないでしょうか。

この「業」という言葉を聞いただけでも重苦しい気分になりそうです。

さて、業は二つに分けられます。業繋性《ごうけせい》と遇縁性《ぐうえんせい》です。業繋性とは業によって繋縛《けばく》されているということです。つまり、心が煩悩に流されて迷い続け、「自分の力ではどうにもならない」と思い込んでしまう業です。

どういうことでしょう。例えば、あなたは男とか女とか性別を選んで生まれてきましたか？

性格の暗い面を自分から望んで生まれてきましたか？　今の自分の顔になりたいと思って生まれてきましたか？　出身地も誕生日も、すべて自分が意図したわけではありませんよね。血液型だってそうです。

私たちはそういうことに納得できず、「なんで私はこうなの？」といちいち不満を感じるのですが、残念ながら事実を変えることはできません。私たちは業を引き受けて生きるしかないのです。これを、すでに述べた通り親鸞さんは「宿業の身」と言い表しました。

もうひとつ、遇縁性という業があります。予測もつかない出会いというものがありますね。私たちはすべて「縁」によって生きており、かりにスケジュールを立てても、すべてその予定通りに事が運ぶとはかぎりません。むしろ思った通りにいかないことの方が多いのではないでしょうか。

「今日は頑張るぞ！」と意気込んでいても、急に体調が悪くなることもあるし、やる気は十分でも空振りに終わる一日だってあるのです。

自分の能力や努力ではどうしようもない「業繋性」、そして、自分の思い通りに事が運ばない「遇縁性」の中で私たちは生きているのです。そのことに気づかずに、ただ思い通りにいかない不満と不安を抱き、苦悩しているのが私たちなのです。

なぜ「不満」を持つのでしょう。それは「我執」があるからです。我執とは自分の思いに執《とら》われるということです。つまり、自分の思い通りにしたいという気持ちが強すぎて、「なんでそうならないのか」という思いが悩みを深くしてしまうのです。

私はさまざまな方の悩みと向き合うなかで、共通した反応があることに気づかされました。私が、「仏教ではこういう教えがあるのだよ。だからこうしていかない?」と伝えると、「でも」「しかし」と言いながら、また悩みはじめたところに戻っていってしまうのです。その人はマイナスの考えから抜け出せないでいるのです。それでは悩みは解消されないはずだ、と感じたものです。

いいですか！　おはらいで悩みを取り払おうとしても何の解決にもなりません。それは外にある障害を取り除くことしか考えられない心の弱さからくるのです。

厳しいですか？　では少し優しく言いましょう。生きている以上、どうしても悩みはつきもの。それをすべて忘れたい、そっくりなくそうとするから辛いのです。業とか因縁ということで教えられるのは、今という状態を、ありのままの事実として見つめて受け入れていけるかどうかということです。

仏さまは、悩みを解決するためには、「思い通りになれることを目指すのではなく、障害がすべて取り払われることを目指すのではなく、その悩みの原因となっている自分自身のこだわり（思い込み）を手放すこと」だと教えてくださいます。その自分のこだわりが晴れ、やがて「なんだ、どうでもいいことだったんだ」と思えるようになれば、それこそ御利益というものです。

あなた一人が苦しいのではない

「死にたい」「もうこんな生きにくい世の中にいるのはいやだ」

そう思っておられるあなた、辛いでしょうね。側にいたら抱きしめてあげたい。

残念ながら私たちはこの娑婆世界に、もうすでに生まれてきてしまいました。

それは因縁という理《ことわり》によるものです。

仏教の教えの象徴は「蓮の花」です。なぜでしょうか。

親鸞聖人の書かれた『正信偈《しょうしんげ》』には、「是人名分陀利華《ぜにんみょうふんだりけ》」とあります。それは「ほとけの誓い信ずれば、いとおろかなるものとても、すぐれし人とほめたまい、白蓮華《びゃくれんげ》とぞたたえます」という一節で、分陀利華が白蓮華のことです。

この世の中にはきれいな花がいくらもあります。その中で、なぜ蓮なのでしょうか。

蓮の花は、泥の中に根を張って養分を吸収し、茎を水面へと伸ばして、つぼみをふくらませ、日の光をいっぱいに浴びて、やがてきれいな花を咲かせます。

その蓮の育つ姿と、悩みや苦しみの絶えない世界に生きる人間がやがて阿弥陀さまに救われて仏の悟りを開く姿とを重ねてたとえられたのです。

蓮は泥の中に根を張り生きています。これが、私たちが生きなければならない娑婆世界です。泥の中は、光の届かない暗闇の世界なので、人間世界でいうならば、周りにいる他人の姿どころか、自分の姿さえ確かめることができません。

さて、私たちは辛いことや苦しいことがあると、「なぜ自分だけがこんな目に遭《あ》うのだろう」と嘆いたり、自分以外の人はまるで何の悩みや苦しみもない幸せな人生を歩んでいるかのように思えてしまいます。他人をうらやんだり、ねたんだりしてしまい、将来に希望も持てず、はてはもう生きていたくないと考えたりもします。

しかし、仏教では、私ばかりではなく周りの人も、生きているものはすべて苦労を抱えながら生きなければならないと考えます。それが「四苦八苦」です。四苦とは生老病死のこと。どんな人も老いていき、病に臥《ふ》せり、そして死んでいくというのがまぎれもない事実です。そういう世界に生まれてきて、老や病や死を背負って生きなければならないというのが最初の「生」で、四苦とは「避けて通れない苦しみ」なのです。

そして八苦の残りは、愛しい人と別れなければならない苦しみ。嫌いな人と一緒にいなければならない苦しみ。それに求めるものがどうしても得られない苦しみもあります。さらに心と身体を持った人間として生きる以上は、さまざまな悩みを抱えざるをえないということです。

どうすればこれらの四苦八苦から解放されるのでしょう。

阿弥陀さまは「あなた一人が苦しいのではありませんよ。同じ苦しみの中を生きる仲間がいるのだよ」と教えてくれます。

苦しいのは、「私だけが苦しんでいる」と思っているからです。あなたがうらやましいと思っている誰かもまた、苦しみを生きている仲間なのです。それに気づくことによって、私たちは共に救われていくのです。

このことを親鸞さんは「御同朋《おんどうぼう》」と教えてくださいました。

泥の中を一人ぼっちで孤独に生きる人生ではなく、同じ苦しみを背負う朋（とも・なかま）と共感し支え合って人生を生き抜き、やがて仏の悟りという大輪の花が咲く人生を送ってほしいと願われているのです。

たとえ恵まれていなくとも

仕事でもなんでも、はじめからマイナス思考で臨む人はいません、最初はやる気十分なはずです。何とか頑張ろうという気があっても壁にぶち当たって疲れ切ってしまい、やがてやる気を失ってしまうのです。そんな時には、「私の環境がよくないから、生きることも困難なのだ」と周りを責めたい気持ちになることもあるでしょう。

親鸞さんも比叡山で修行をした時期がありました。それは「このままでいいのか」と常に自問している日々だったと思います。その問いを打ち破るきっかけになった伝説があります。

親鸞聖人が二十六歳のときのことです。京都で用事をすませて比叡山にお帰りになろうとしているところでした。たまたま、山の麓の赤山明神で一人の女性に出会いました。その女性は、「私はかねてから伝教大師を尊敬しておりまして、一度比叡山にお参りしたいと思っていましたが、道がわからないので案内してください」と言います。

親鸞聖人はお答えになりました。「あなたも知っていると思うが、比叡山には女性は入れません」

するとこの女性は、「それはおかしいんじゃないですか。伝教大師が教えてくださった仏教では、生きとし生ける者はみな成仏する平等の教えだと聞いております。どうして女は登ってはいけないんですか。しかも、山には獣の雌、昆虫の雌もいるでしょう。なぜ人間の女だけが登れないんですか」と言ったのです。

この女性の言葉に、親鸞聖人は返す言葉がありませんでした。そしてこの女の人から一つの玉を貰ったのですが、それにはどうかこのことを忘れないでくださいという思いがこめられていたのです。これは『親鸞聖人正明伝』が伝えるエピソードです。

女性が比叡山に入れない理由の一つに、女性がいると修行の妨げになるということもあったそうです。しかし、それは男性の方の問題なのではないでしょうか。男性は結界の中に逃げ込んで、女性を遠ざけ、修行がしやすい環境や状況を作り上げていたわけです。環境が整ったから修行ができるのでしょうか？　そうでなければ修行はできない？　環境や状況のせいにしてはいけません。

本来は人間が解放されることを教えてくれるはずの仏教が、逆にいろいろな制約で人間を縛っていることに親鸞さんは気づかれたのです。真面目に修行して悟りを開いていくことはもちろん大切なことですが、一歩間違うと、修行ができる者と、したくてもできない者との差が出来てしまうということなのです。

比叡山で修行している人は、自分は真面目にたくさんのお経を読み、修行の段階も上がってきたと思っています。ところが実際は、どれほど仏道を求める心があっても、貴族の家柄に生まれなかった人は山に登ることさえ許されないという状況がかつてはありました。

また、体力がないと厳しい修行には耐え切れませんが、考えてみれば、その身体だって授かったものです。男に生まれたとか、貴族に生まれたとかいうことも、いろいろな縁が重なってそうなっただけです。たまたまそういう境遇だったというだけのことで、個人の能力の話ではないわけです。これが「業縁」なんだと親鸞さんはおっしゃいました。

比叡山の仏教とは、いつの間にか、いろいろな条件が整っている特定の者だけの仏道になってしまっていたわけです。そこで親鸞聖人は「自らが解放されるには山を降りるしかない」という決心をされたのです。

それは、環境が整っているから自分は坊さんらしく生きるというのではなく、異性とも向き合い、さまざまな身分の違いも越えて、その中で本当の生き方を探し出そうということでした。

環境に恵まれないから私は生きづらいのだと嘆きたくもなるでしょう。しかし、それは自分があと一歩を踏み出せないための言い訳をしているのです。

あなたにとってどんな辛い状況でも、そこがあなたが今生きる「住みか」なのです。そのことを受け入れなければなりません。

碍《さまたげ》が碍でなくなる

人生には三つの坂があるそうです。一つ目は「上り坂」。ぐんぐん芽が伸びるように上り調子の坂を行く人生があります。反対に坂をころげ落ちるかのように急降下の坂もありますね。これが二つ目。しかしまったく予測もつかない坂があります。それが三つ目の「まさか」という坂です。

あの東日本を襲った大地震では、「想定外」という言葉が話題となりました。想定外とは、考えている範囲にない、思いのほかということです。しかし、この世に「絶対」はないのです。

絶対にあなたとは別れないからね。

絶対に親友でいようね。

絶対に合格しようね。

絶対に会社を大きくしようね。

絶対に優しい人でいてね。

絶対に続けてね。

「絶対」に別れないと言っていたはずなのに離婚する夫婦がいます。突然、病気になることも、会社が倒産してしまうことだってあるのです。

この絶対が崩れたとき、私たちは「まさか、こんな目に遭うとは夢にも……」となるのです。

何でも「好き嫌い」だけで判断することが身についている私たちは、嫌いなことはあまり想定したくないのです。対人関係でも自分を好いてくれる人はウェルカムですが、少しでも批判されようものなら、その人のことは考えようともしなくなります。

その「好き嫌い」の感情が湧いてくるのは「自分中心の考え方」からでしょう。

つまり、自分の都合で大きな壁を、碍《さまたげ》を作ってしまっているのですよ。

自分にとって興味があり、プラスになりそうなことには壁をなくし、すべて受け入れます。しかし少しでもマイナス要素を感じると自分から壁を作り、何も入ってこないようにしてしまうのです。さて、そこで……

なぜ仏教の教えが必要なのでしょうか。

問題に出会ったときこそ、自分を振り返るチャンスなのです。そのとき「最悪の状態になった。しかしどうしたら乗り越えることができるだろうか」とか、「今の状態のまま、もうおしまいなのか？　いや、別の受け取り方ができないだろうか」という智慧が生まれてきます。その智慧こそ自分から出たものでなく、如来からいただいた智慧なのです。

またひとつ　しくじった

しくじるたびに　目があいて
世の中すこし広くなる

――榎本栄一「しくじる」

誰でも失敗したことを思い返すのは嫌なものです。しかし、失敗によって自分というものがどういう人間なのか、仕事や人間に対し、それまでどう向き合っていたのかが照らし出され、気づかされることがあるのです。失敗によって人生の意味が深まり、世界が広くなっていくのです。

私も過去の失敗や挫折にふたをして、未来にこそいいことが待っていると信じていました。ほんとうは自分の弱さを見破られたくなくて、格好ばかりつけていたのです。しかしどれだけ見かけをつくろってみても化けの皮はやがてはがれるものです。

良い人、強い人を演じていると、それがストレスになっていくことにも気づいたのです。

親鸞さんの教えをいただいて、「こうあらねばならない」という思い込みをやめて、「何があってもそれは問題ではない。そのままいただくんだ」という気持ちにさえなれば、それこそ大した問題でもなくなってくるのです。碍《さまたげ》と思っていたことが、碍でなくなる。悩みも悩みでなくなる。

それを親鸞さんは「無碍《むげ》の一道」という言葉で教えてくださったのです。

これこそ究極のプラス思考なのですよ。

Ⅲ 気づいてほしいこと

人生に「お忘れ物はないですか」

人は大きな挫折をしたり、人生のどん底を経験したりすると、「もう嫌だ。死にたい」と思いたくなります。心の奥底では、「本当は死にたくない」という気持ちが揺れ動きながらも、それなのに「死にたい」と思ってしまうのはなぜでしょうか。

そこには永年の辛い思いが重なり、たまりにたまっています。生きる中で孤立し、それが絶望となり、精神的に追いつめられたあげく、「自らの死」を選ばざるをえないという気持ちになってしまうのです。

先日、こんなメールがきました。

自分のミスが原因で相手の会社から取引を解消されました。とたんにその日から収入が断たれ、生活がどうにもなりません。新しい仕事がすぐに見つかるわけもなく、仕方なく借金を重ねてしまいました。毎日の返済の催促が激しい中、妻にも知られて、結局は家族もバラバラになってしまいました。

そうした日々が続くうち、とうとう鬱病になりました。そんなある日、「死にたい」と私にメッセージを送ってこられたのです。

また、ある二十代の女性の便りでは、家に帰ると毎日のように、父親から暴力を振るわれる。母親は家を出て行ったきり。私は誰からも愛されていないという苦しみから、リストカットを繰り返しているということでした。

こうした心の叫びを聞かせていただいていると、誰もが身勝手に「死にたい」と思っているわけではないのだと痛切に感じます。

精神的に弱いから自殺をするのだとおっしゃる方がいますが、それは心の状態の健康な人の感覚です。「死にたい」と思うほど何かに追いやられたことのない人の理屈です。

「逃げる」というのはふつうはマイナス思考です。しかし誰だってストレスを強く感じたら落ち込むのは当然だし、そもそも人間なんて悩むように生まれてきた存在だとも言えます。だとしたら、ときには「逃げる」という発想も悪くないかもしれないし、それが必要な場合もあるのかもしれない。暗くせまい場所に座り込んで、弱い自分をひたすら見つめ続けているよりも、闇の中で手探りでも、そこからまずは逃げてみるのです。死ぬためにではなく、生きるために逃げるのです。歩きはじめれば、遠くても、きっと小さな灯りがどこかに見えてきます。その灯りがさまよう人を導いてくれます。

私は講演の移動に電車やバス、タクシーをひんぱんに利用します。すると必ず、「お忘れ物はないですか」と運転手の方が声をかけてくださいます。その時に「そうだ！　確認しなくては」と思い、もう一度足元を見るようにします。

これです！　人生という乗り物から降りようとしている人にも、「お忘れ物はないですか」と声をかけて下さる方がいらっしゃいます。

仏さまは、どうかもう一度、あなたのこれまでの人生を再確認してほしいと、合掌しながら願われていることを忘れないで。だから決して早まらないで。

本当のあなたの値打ちをみつけて

「人間は死んだらどうせ単なるリン酸カルシウムのゴミになるだけだし、最期なんて儚《はかな》いものよ」とおっしゃった方がいます。彼女が生きる意欲を失っていたときのことでした。

私たちはあたり前にこの世に生を受けたのではありません。尊い「いのち」をいただきました。その「いのち」を懸命に生き抜いているのです。その私たちが単なるゴミとして消えていくだけなのでしょうか。

なぜ「どうせゴミになる」という気持ちになるのでしょう。それは、自分が価値のない人間だったという深い無力感があるからでしょう。それまでには多くの失望があったことと想像されます。

さて、私たちは「値打ち」という言葉に弱いですね。身近なことで例をあげれば、商品をながめているときに、「お客さん！　これは値打ちものだよ」と言われると、ついその言葉で衝動買いをしてしまうような場合です。

でもその値打ちって何でしょうか。例えば、コンビニなどでは消費期限が切れた食品は捨てられてしまいます。もう商品価値がないからといって、大量生産・大量消費の今の世の中では、相当な資源が無駄遣いされていることは誰でも知っています。それから、工場の機械も動いているときには必要とされますが、動かなくなれば見向きもされません。

では仕事をする人間の場合はどうでしょう？　私たちはどこかで食品や機械と同じように、人間を「商品価値」で測っていることがあります。

私もふと、「今の職を失ったらどこか雇ってもらえるだろうか？」と思ったことがありました。道を歩きながら「パート募集」という文字を見かけると、自分は募集の基準を満たしているだろうかと考えたこともあります。

会社というのは、その会社にとって働いてくれる人にそれに見合う給料を支払うのがふつうです。その人の性格がよければそれに越したことはありませんが、やはり仕事がどれだけできるかが決め手です。その意味ではあくまでも与えられた仕事を十分にこなせる人が、会社にとっては「商品価値」のある人間です。

しかし会社や上司が基準としている価値は、あなたの性格や人格を含めた人間としての価値とイコールなはずはありません。

親鸞さんは「自在人であれ」と願われました。

わかりやすく言えば、相手の言いなりになるのではなく、自分らしく生きるということです。上司とぶつかりたくないからと合せてばかりいると、そんな自分にも疲れてきます。人間関係に振り回されてうまくいかないことはよくありますが、そうなると、しだいに自分は仕事だけじゃなく人間としても価値がないのだと思えてきたりします。

問題は、あなた自身が上司の要求に百パーセント合わせようと無理しているうちに、「自在人」として人間らしく生きることを忘れてしまっていないか、ということです。

大切なのは一生懸命仕事に向き合う姿勢ですが、その中にも、人間らしく自分らしく生きることを忘れなければ、他人のペースに振り回され続けることもなくなります。

そして自分の本当の価値を見失うこともないはずです。

過去に引きずられない

クイズです。人が生きれば生きるほど長くなるものは何でしょう？

それは「過去」です。

年齢を重ねれば重ねるほど、私たちの「過去」は長くなります。なかには過去の思い出にすがって生きている人もいます。「昔はよかったな」「あの時代はこんなこともできた」などと言うのがそれですね。肩書きまで「元〇〇」を使ったりしてしまうのです。

逆にいっそのこと、過去を消してしまいたいと思う人もいます。「なぜあんな人と結婚したのか」「どうしてあんなことに失敗したのか」などはそれです。でも自分の中で失敗を消し去ることができず、ずっと引きずってしまったりするのです。

過去は字の通り「過ぎ去った」出来事なのです。なぜそれほど人間は過去にこだわるのでしょうか。

それは過去があってこそ、今の自分がいる、という思いがあるからでしょう。そしてそれは未来にもつながるからです。

仏教では、これを「三世《さんぜ》」といいます。過去は過ぎ去ったもの、現在はまさに生起しているもの、未来はいまだ来ないものという意味です。

しかし、これらの言葉には、どこにも「時」という語が見当たらないですね。なぜでしょうか。今こうしてあなたが本を読んでいるうちにも、時間はどんどん経過しています。今と思った瞬間、その時間はもう過去になってゆくのです。仏教では、この時間というものを実体のあるものではなく、常に変化し続けるものとしてとらえます。

私がアナウンサーをしていたころのこと、ある生番組を担当して、番組時間内に最後の言葉が納まらずに尻切れトンボで終わってしまったことがありました。「リハーサルではうまくいったのに、なぜ本番で失敗したのか」と、しばらくその場を離れることができないほどのショックでした。

それなのに番組関係者は「はーい！　終わりました。お疲れさま」としか言いません。私はディレクターをつかまえて、「あのとき、どうしたらよかったのでしょうか」と問いかけると、「川村さん、もう終わりましたよ。また来週ね！」とさらっと言われてしまいました。つまり、周りはさっと気持ちを切り替えて、もう次の段階に入っていたのです。

私としては今後の反省にと思ったのですが、「自分のどこがまずかったのか」と悔やむ気持ちが相当強かったようです。それにこだわっていたようです。今思うに、反省は大切ですが、ときには上手な切り替えも必要だったのです。

過去を振り返ると、後悔だけが残っているということもあります。これでは永遠に愚痴しか出てきませんね。「あのとき、こうしていればよかった」と、ひたすら過去に戻ってしまうのです。それでは今も未来も見つめることができません。「過去を悔いず、未来だけに期待を持たず、現在を大切に踏みしめよ」と、ある先生に教えていただいたことがあります。

どんなにもがいても、過去は一生ついてきます。そんなとき、過去をただ悔やむより、訂正できないものとして認め、その上で過去を振り返ることができれば、そこから反省も教訓も生まれてきます。もっともそれには過去を見つめる時間が必要でしょう。やがては過去があったからこそ今の自分があると考えられるようになります。そこでやっと生きる意味も、毎日の生活も変わってくるのです。

過去を振り捨てるのではなく、過去と共に生きることを考えましょう。あなたの過去は、今のあなたの土台になっているのだし、それは未来のあなたの大事な糧となるのです。

過ちのあとが人生を決める

ここでまたクイズです。悪いと知りながら悪いことをするのと、知らない間に悪いことをしていた——どちらが悪人でしょうか？

仏教を勉強していた学生時代に、『歎異抄』を学ぶグループ授業で、先生がこんな質問を出しました。一斉に答えが出てきましたが、「もちろん、悪いことを承知の上で悪いことをするやつが悪人にきまっている」が皆の共通した意見でした。

ところが先生は「知らない間に悪いことをしていたことの方が問題なのです」と言うではありませんか。

はじめは理解できませんでした。先生はこう続けて言ったのです。知った上で悪いことをすると、何らかの後悔や反省があるものだ。しかし罪を犯したことさえも気がつかずにいる人は、何の反省もなく終わっていくと。これで私の考えがひっくりかえりました。

確かにその通りです。私が人の足を踏んでしまったとします。相手が「痛い」と叫んだら「ごめんなさい。こちらの不注意でした」と詫び、反省もできます。しかし相手が何も言わずにいたら、足を踏んだことさえも気がつかずにいたでしょう。相手の痛みを感じる機会はついに失われてしまいます。

誰も傷つけずに生きることは不可能です。何かが犠牲になっています。

以前、あるテレビ番組で漫才師がある女性に向かって、「お前、よくそんな顔で生きていられるな！」と言いました。相手の女性はその場は笑っていましたが、私はなんとも重い気分になりました。

別の芸人の話では、「お笑いというのは、人と人を比べてこそ笑えるんだ。例えばそこに美人と、そうでない人がいたなら、そっちを美人と比べることで笑いがとれる」のだそうです。

私はとんでもないことだと感じました。「よくそんな顔で生きていられるな！」

とつっこめば、周りは爆笑かもしれませんが、笑いの対象になった人の家族が聞いていたらどんな気持ちでしょうか？

一方で盛り上がるということは、一方で悲しい思いをする人がいるということを忘れてはいけないと思うのです。

やはり番組にクレームがあったのか、その漫才師は後日、「言いすぎました。反省しています」と詫びていました。

ここで考えてほしいのは、「ごめんなさい。傷つけてしまいました」と反省する心なのです。クレームがなければ彼は「俺っておもろいだろう」と意気揚々としていたでしょう。

自分の一言が他人に悲しい思いをさせてしまったと省みることが大切なのです。

親鸞さんは「犯した罪」を問いただしたり、責めたりしてはいません。誰だって罪を犯して生きているもの。大切なのはその後でその罪と向き合えるかということです。

あやまちは誰でもする
つよい人も　弱い人も
えらい人も　おろかな人も
あやまちは人間をきめない
あやまちのあとが人間をきめる
あやまちの重さを自分の肩に背負うか
あやまちからのがれて次のあやまちをおかすか
あやまちは人生をきめない
あやまちのあとが人生をきめる

――ブッシュ孝子「あやまち」

親鸞さんが愚禿釈《ぐとくしゃく》親鸞と名乗ったのは、何度も何度も自らの生き方を反省する中で「私は何もわかっていなかった」と本当の自分と向き合う宣誓の意味だったのでしょう。それは人の悲しみ、その涙を目の前にしなければ生まれてこないものです。

人を負かし、傷つけて平然としているのと、「人間とはどこまでも他人の痛みには気がつかないものだ」と振り返るかでは大きな違いがあります。

私も注意されたり、怒られたりしながら、人間にならせていただいております。だから、今のあなたが非難されて落ち込んでいるとしたら、あえて「よかったですね」とお伝えしたいのです。

もう一度やり直す道がある

突然、外国の方からメールをいただきました。

「勉強している日本語でわからないことがひとつあります。心が重いというのと、痛いというのは、気持ちとしてはどう違うのですか?」この質問を受けてはっと感じたものです。

心が重いというのは、会社に行きたくないとか、あの人と会うと思うと心が重いなど、自分の行動から一歩を踏みきれない、何とも億劫《おっくう》に感じることを言うのではないでしょうか。

一方で、よく「悲しみで胸が張り裂ける」という表現が使われますね。体が引き裂かれるくらい苦しい気持ち、これが「心が痛い」ということです。

仏教にも「痛焼《つうしょう》」という言葉があります。想像を絶する悲しみに遭遇したとき、まるで体が火に焼かれてしまうほどの苦しみという意味です。

この苦しみはその人でなければ分りません。予期せぬ被害に遭われた方の苦しみもあります。そして罪を犯してしまった人にもそれと同じ苦しみがあるのです。

『仏説観無量寿経《ぶっせつかんむりょうじゅきょう》』に阿闍世《あじゃせ》という王子が登場します。彼は悪友からそそのかされて、なんと父親を殺してしまい、その罪の深さから心の病におかされてしまいます。

心配した医師の耆婆《ぎば》大臣が阿闍世を見舞いました。

すると阿闍世は「体の痛みに加えて積み重ねた悪事の罪の重さに日夜心が疼《うず》く。生きながら地獄にいる心地だ。だが本当の地獄の苦しみはこんなものではあるまい。耆婆よ、私を治せる医者などいないことをお前は知っているのだろう。今となっては安らかな眠りこそ無上の幸福だ」と言うのです。

耆婆は「王さま、この苦痛を癒せるお方がいらっしゃいます。どうか一刻も早くお釈迦さまのもとへお訪ねください」と。しかし、阿闍世はすぐにはその気になれませんでした。

耆婆はさらに、多くの罪人《つみびと》たちがどのようにお釈迦さまに出会ったかを心をこめて語りました。それでも阿闍世はまだ躊躇《ちゅうちょ》しています。

そのとき、どこからか大きな声が響いたのです。

「阿闍世よ、今すぐ行くがよい。汝の重病を癒せる唯一の人がまもなく世を去ろうとしている。今をのがせば永劫《ようごう》の地獄住まいぞ」

阿闍世は怯《おび》え、痛みを忘れてはね起き、辺りをさまよい歩きました。すると、

「息子よ、父の声を忘れたか、早く行くのだ」

それはなんと、息子に殺された父が我が子を救おうとする声だったのです。

これをきっかけに、阿闍世はお釈迦さまの教えを聞くことができました。

阿闍世はどうして救われたのでしょうか。それは今までの自分の考え方がすべてひっくり返されたからです。彼にとっては辛いことですが、自分の犯した罪を

引き受けていかなければならないことを学んだのです。

父殺しの罪は消えることはありません。しかし、自分に目をそむけ空想に逃げ込むのではなく、自分自身がたちあがること、そこにしか自分が救われる道がないと知らされたのです。これが有名な『王舎城の悲劇』です。

一人の死刑囚が処刑される前に残した言葉があります。

「ふとんさま　ぞうきんさまも　さようなら」

彼は死が間近に迫ったのを感じて、「今まで踏みつけにしていたふとんが、今日まで自分を休ませてくれたんだ。この汚い雑巾が、部屋の汚れをきれいにふき取ってくれたんだ」とはじめて感じとることができたのでしょう。

私たちは、自分の力だけで生きていると思いがちです。しかし、足元を見れば、たくさんのご縁に生かされているのです。

その死刑囚に残された時間はわずかだったかもしれませんが、それは彼の一生でもかけがえのない時間になったに違いありません。

誰も過ちをなかったことにはできません。大切なのは懺悔するということ。それは頭が下がるということです。今まで見えなかったものに気づかせていただくということ。そこから人生をもう一度やり直してほしい。あなたにはまだそのチャンスがある。だから——もう一度。

それが阿弥陀さんの願いなのですよ。

心の中の「我慢」を見すえて

私たちは毎日毎日の繰り返しの中で生きています。そこには思わず心が踊るような嬉しいこともあれば、頭をガーンとなぐりつけられたように感じる辛い出来事もあります。

ときには取り返しのつかない事故を起こしてしまうことだってあります。つい数ヶ月前は、飲食店での食中毒事故が、それに続いてあの世界中を震撼させた原発事故が起こりました。ひき逃げなども、身近なところで起こりうる、あってはならない事故のひとつです。

取り返しのつかない事故を起こしてしまった当事者が、テレビの謝罪会見などで土下座せんばかりに謝っている光景を見ていると、私は「どうか自殺しないで」と呼びかけたくなるときがあります。そのくらい人間は追い詰められると、自分でも何をするかわからなくなるのです。

ひき逃げ事件を起こしてしまった人は、まず「まずいことになった」と感じたことでしょう。そしてそれを「なかったことにしたい」という気持ちからその場を逃げ去ってしまうのです。ひき逃げとまではいかなくとも、突然の不祥事を起こした人は、発作的に「この場から逃げたい」と思うことがあります。でもすぐに逃げることのできない現実に気づきます。そして次に「怒り」がこみ上げてきます。「なぜ私がこんな目にあわないといけないのか」という怒り、あるいは「どうしてこんなことをしてしまったのか」などと自分を責める後悔の感情です。

やがてそれは「もう遅い」「もうダメだ」という絶望に変わります。

どうしてそうなっていくのでしょう。それは自分の中に「我」と「慢」の心が居座っているからです。

この二字を並べると「我慢」ですね。

私たちがよく使う「我慢しなさい」という言葉は、「イヤなことも耐えましょう」ではなく、本当の意味は、私たちの中にある「我」と「慢」の心をしっかり見据えましょうという仏さまの忠告なのです。

「我」のしくみから考えてみましょう。何でも自分中心に言い立て、それを少しでも批判されようものなら「不愉快だ」「うっとうしい」と反応する人がいます。それを我が強いといいますが、自分の考えを固めてしまっているので、変えようがないのです。

次は「慢」です。人間にはとかく他人と比較する傾向があります。傲慢という言葉がありますが、それは勝手に自分が偉くなったと感じたり、私は周りの人とは違うのだと思いこんだりすることです。

例えば、レストランに入ったとき、店長さんから「いつもありがとうございます。○○さまにはＶＩＰルームへどうぞ」と案内されたりすると、自分だけが特別な人間なんだという気になったりしてしまうのです。妙に舞い上がってしまうのです。しかし、慢は上に向かうだけではなく、下に向かうこともあります。

私はあの人に比べてお金もないし、学歴でも劣っている。そして「どうせ何をやってもダメなんだ」と感じてしまったりするのも、実は「慢」の仕業なのです。つまり慢が上のほうに向かうのが優越感、それが下に向かうと劣等感を抱きます。このように「慢」が上がったり下がったりして自分が揺れ動いてしまいます。どちらも他人との比較の中で自分を見失っているのです。

他人の意見に耳をかさない「我」でこり固まっている人が取り返しのつかない大失敗を犯してしまうと、優越感で上に向いていた「慢」も一転して急降下します。そうなると「生きていても意味がない」と自分で決めつけてしまうことにもなるのです。

　だからこそ、ふだんから仏さまは心の中にある「我」と「慢」をしっかり見据え、そこから人が解放されることを願っておられるのです。そして失敗を犯してしまっても、それを二度と繰り返さないことを誓って、そこからもう一度やり直すという道があることに、人が気づくことを最後まで願っておられるのです。

自分以上に見せなくていい

久しぶりに昔の友人と会って話を聞きました。彼女にはある目標があったといいます。それはセレブの妻になるということ。まずはお見合い紹介所の会員になり、次は憧れの職業の男性とのお見合いにたどりつき、ついに三年目にして結婚できたそうです。ヤッタ！

その努力はすごいものだったようです。

せっかくだから、のろけ話でも聞かせていただこうかと思って、「ところで新婚生活はどうなの？」とたずねました。すると突然、彼女の顔が固まってしまったのです。それからポツポツと話しはじめました。「私、結婚生活がこんなにも辛いものとは思わなかった。しんどい」

彼女としては憧れのセレブ妻にはなれたものの、連れ合いさんとはすれ違いの生活なのだそうです。趣味やセンスにしてもかなり違う。会話も続かない。連れ合いさんは休みの日には一方的にどこかに出かけていってしまう。子どもがほしいと訴えたところ、「興味ない」の一言。これはひょっとしたら外に女性でもいるのだろうかと疑いはじめているそうです。そんなわけで、彼女は今、「私は何のために結婚したのだろう」と後悔しているというのです。

私は、厳しいとは思いましたが、はっきり言いました。「もしかして、あなたは威張れる何かが欲しかっただけじゃないの?」。どうもそうだったらしいのです。だとすれば、そういう彼女の気持ちが連れ合いさんにも伝わってしまったのかもしれません。

自分の目標が達成されると大きな満足が得られます。百パーセント満ち足りた気分でしょう。しかしこの状態はそういつまでも続かないものです。別の現実が見えてくると、満足度は九〇パーセントに減り、八〇パーセントに落ち……。月の満ち欠けも同じですね。中秋の満月はみごとな眺めですが、まん丸のお月様は次の日から欠けはじめていきます。「満足」もその「満」が欠けていくと、やがて「不満」ばかりが残るのです。

ある芸人さんのコントを見ていて、ドキッとしたことがありました。

家ではふだんごく質素な生活をしているのに、外出するときだけは一流のブランド品を身に着ける女性という設定です。突然、玄関のチャイムが鳴りました。ドアの覗き穴から見ると、さあ大変、約束もなしに友人が遊びに来たのです。急いでボロ着隠しにと、きれいなフリルのついたエプロンをつけて出ました。でも、うっかり後ろを向いたとたん、ボロ着が丸見えに、というコントでした。

表側だけに気をつかいすぎると、見えない

ところには気が回らないという落ちです。まさしく、「頭隠して尻隠さず」ですね。セレブの友人にしても、連れ合いさんの肩書きで自分の幸せ度を計れると思うのは、まるで自分のコンプレックスをエプロンで隠しているようなものなのです。

話は変わりますが、駅伝で一番難しいのは登りではなく、下りだそうです。登りはまだ先にある目的に向って自然と顔が上がります。しかし下り坂ではスピードも出る半面、ブレーキをかけなければなりません。すると足元をしっかり見つめることになるというのです。

セレブの生活を夢みて上ばかり見ていれば、足元にある現実は見えないままです。あの友人にも、自分の足元を見つめることから、もう一度、目標を見つけてもらいたいと思います。

今の自分以上に見せようとしなくていいのですよ。無理しない、無理しない。

心に光が射しこめば

真宗の宮城顗《しずか》先生のお言葉を紹介します。

「一番深い無明《むみょう》は、みんなわかっておるという、そういう思いとしてあるわけです。それは必ず、みずから是とし、排除の姿勢をとらせる」

無明とは何でしょうか。この二つの文字からは、明りのない、真っ暗な中でさまよっている、そんなイメージが浮かんでくるのではないでしょうか。仏教では、智慧の光に照らされていない、何も見えていない人間の状態を無明といいます。

宮城先生は、「自分は何でもわかっていると思い込んでいる人が一番問題なのだ。そういう人は、『自分こそは正しい、経験のないあなたに何がわかるの?』と他人を排除してしまう。これは怖いことだ」と言っておられるのです。

「私はさまざまな経験をしてきたからこそ、何でもわかるし何でもできる」と自負する人は、それだけ強い思い込みにとらわれがちです。自分の得た経験だけを頼りにして、人を簡単にタイプに分類したり、それで判断して、その結果、他人を切り捨てたりする。しかし、一人の人間の経験なんてかぎられています。それは絶対的な基準にはなりません。でもそこに思い込みという落とし穴があります。そしてそういう人は「自分のことは自分が一番よくわかっている」と言うものです。これも思い込み。

大勢の人が集まって、会話がはずんでいるときに、その場に溶け込めずに孤独を感じたことはありませんか？　私ってたった一人なのかな？　そう思うと不安になりますよね。でもそんなに心配する必要はありません。あなたがそう感じたとき、それは救われる第一歩なのです。なぜなら、心のどこかに「一人にはなりたくない」、そして「本当は皆とかかわりたい」という気持ちがあるのですから。

それよりもずっと怖いのは、そんなときに「あなたに何がわかるの？」という先ほどの姿勢の方です。これが本当の孤立です。自分から他人との関係を断ち切ってしまうのです。

こんどは光の話です。

「目が眩《くら》む」という言い方があります。瞳孔が必要以上に開いて、まぶしくなり、何も見えなくなってしまうという状態です。これは強い光を見たときの眼の生理現象ですが、お金に目が眩むというのもありますね。お金に執着しすぎると正しい判断ができなくなってしまうということです。お金のまぶしさに、その人は何も見えていないわけです。

でも、光は目を眩ますだけではありません。光に照らされることによって、物がよく見えてきます。そして心に射す光というものもあります。

仏さんは「慈光」という光で私たちを照らしてくださいます。その光に照らされることによって、「私も凡夫なんだ」ということを知らされ、凡夫である私たちは「自分の陰」にも気づかせていただけるのです。その時、ふと感謝の言葉が口をついて出ます。「お陰さまでした」。そう言って頭を下げることができるのです。他人に対してもそうです、この言葉を心から口にするとき、人は誰も豊かで柔らかな表情になるものです。

人は孤立したままで生きていけるでしょうか。「自分の陰」に気づかせてくださる仏さまの光は、無明のなかに閉じこもる人にも射します。その人は光に照らし出された、かたくなな自分を見つめ直し、自分の「思い込み」に気づかされることでしょう。

今日も光に照らされながら、心を柔軟にさせていただきましょう。

Ⅳ あなたは独りではない

「われら」が私を支えている

ある日、道を歩いていると、若い観光ガイドさんがたくさんの小学生たちと向き合って、京都の街のことを説明していました。新人のガイドさんなのか、子どもたちを前にやや緊張した面持ちでお話しされています。そのやりとりがふと耳に入ってきました。

ガイドさんはメモを見ながら、「右の方角の地域にはこういう歴史があるのですよ」というようなことをおっしゃいました。すると小学生の一人が「右というのはガイドさんから見た右なの？　私たちから見た右なの？」と突っ込んだのです。すると「私から見た右です」と返答。小学生は「じゃあ、私たちからは左なんだね！」と返します。そのとき、「なるほどな」と感じたものです。

ガイドさんから見たら「右の方角に見える」、これは事実です。しかし小学生から見れば逆に「左に見える」、これも事実で、どちらも正解なのです。あたり前のことかもしれませんが、意外に深いことに気づかせていただきました。

私たちがともすれば「生きづらく」なるのは、自分の立場だけで判断して、物事を決めつけているからです。

会社の中でも意見が合わないと、たがいに批判しはじめます。家庭の中での喧嘩も。それにどこかの大人げない論争もしきりと聞こえてきます。

どうやら、自分が正しいのだから、相手は間違っていると決めつけることに一生懸命になっているようです。批判されると反撃することしか頭に浮かびません。それでは自己主張に必死になり、自分を振り返る余裕も持てなくなってしまいます。

問題なのは相手の声がまったく聞こえなくなっていることです。

親鸞さんは「よろずの煩悩にしばられたるわれら」の、その「われら」という言葉を大切にされました。「われら」というのは「私を含めた皆」ということです。そのわれらから成る世界があって、はじめて「私一人」の世界も成り立つのです。「私一人」は、「われら」に支えられています。「われら」を忘れた「私一人」は、ひたすら孤立しています。

よしあしの文字をもしらぬひとはみな
まことのこころなりけるを
善悪《よしあし》の字しりがほは
おほそらごとのかたちなり

——『正像末和讃《しょうぞうまつわさん》』

「善悪の文字」すら知らないことで、たがいに心の平安が得られるのならば、それはそれで素晴らしいことでしょう。「善悪の文字」を物知り顔であやつるならば、いがみ合い、傷つけあう世界を作り出すだけです。善悪を一人決めしている、そんなのは「大たわけ」と言うべきでしょう。そこからは「われら」という発想は決して生まれてきません。

小学生が「右というのはガイドさんから見た右なの？　私たちから見た右なの？」と突っ込んだのは、「ガイドさん、そっち側から見て言っていても、私たちには伝わっていないよ！」と言いたかったのですね。それはつまり、向き合って、対立していないで、こちら側に来ていっしょに見れば同じ立場でものが見えるようになるよ、とい

うことです。

意見の食い違いを重ねることで嫌気がさして、心を閉ざすようにはならないで。自分中心の位置に座り込まずに、ときにはくるっと百八十度回ることで、右も左も同じだったということに気づく場合もあるでしょう。隣り合って並んで、同じ視野を共有すれば、あなたと他人の間にも「われら」という共感が生まれることになるのです。

心の楽器を鳴らそう

この原稿を書くために、思い切って書斎を借りました。

というのも、以前から誰にも邪魔されない自分の時間、空間が欲しかったのです。作家がホテルや旅館の一室を借りる気持ちが少しわかるような気がします。

ワンルームの一室にはテーブル、パソコン、冷蔵庫。そしてなくてはならないのは私の気持ちを落ち着かせてくれるお香と、心の拠り所である南無阿弥陀仏のご名号。何とも充実した空間です。

しばらく原稿を書いているうちに、「この部屋から一歩も出ずに生活ができるだろうか」と考えてみたのです。食事は出前で、ガスや電気代の支払いはネット上でも済みます。

人恋しくなればラジオやテレビ、それにネットやツイッターの書き込みもできます。

しかしそうなると人間関係は遮断されます。それで本当に生きることができるのでしょうか。


今、子どもの家出が多いそうです。昔なら親と大喧嘩した結果、発作的に飛び出したというのが多かったのですが、今はそっと「同じ仲間」を求めて家を出るのだとか。

同じ気分や感覚をもった仲間といっしょにいたい。携帯電話はつねにメールやつぶやきの書き込みでつながっているという安心感がもてる。それにネットは自分の都合でオン、オフができます。だから自分に対して「ノー」と違う意見をもった親や先生から怒られようものなら、思いっきりうっとうしく感じます。

私たちは「将来人に認められたい」「あの人からこう思われたい」という期待を持って生きています。しかしそれは私が思い描く理想の姿であって、相手はその通りに見てくれているとはかぎりません。それで好意をよせてもらえないと「なんて冷たい人なのか」と不満を抱いたりします。たとえ共通の感覚をもった仲間であっても、ささいなことで意見の食い違いも出てきます。

嫌だと思ったらその関係を断ち切り、ほかに友達を求めていくというくりかえし。最後は人間関係に行き詰まってしまいます。

そして、人と付き合うのは面倒だと部屋にこもってしまうのです。

ここにピアノがあるとします。もちろん楽器というのは演奏するために存在します。曲を習わなければ演奏することもできませんね。

心はひとつの楽器ではないでしょうか。

私たちには「心」という共鳴板があります。泣いたり、笑ったり、悔しがったり、感動したりすると、ときどきの感情が心にふれて、それが振動してさまざまな音になる。

「人とは付き合わない」というこり固まった考えをもった人は曲を演奏しない楽器と同じです。せっかくすばらしい人間として生まれさせていただいたのであれば、その心をもっと使いませんか？　奏でてみませんか？

お釈迦さまもはじめはお城の中におられました。しかし城の中にいるとただ自分の世界で悩み込むばかりで何も見えてこなかったのです。はじめて門の外へ出ることで想像を絶する体験をされていくのです。

親鸞聖人も修行をしていた比叡山を下りて、一般の人々と共に生活することで、見えなかった世界にふれることができたのです。それが人間らしさを学ぶということなのです。

私がはじめて仏教の門をたたき、勉強していたころのある日、クラスの仲間と「結局は仏教を勉強しても食べてはいけないしお金もうけもできない。気休めだよね」などと話をしていました。するとたまたま通りがかった先生が教室に入ってきて、「あなたたちはこのままでは腐ってしまいますからね」と大きな声でおっしゃったのです。

つまり味わうべきものも味わうことなく、終わってしまうということです。「もういい」「どうせおもしろくもないし」というのは、そこでストップしたまま自分の人生を歩み出そうとしないことです。

私たちは目の前にいる同じ人間から学ぶしかないのです。相手の言葉からはっとさせられる、互いに表情で気持ちを確かめ合う。そこから視野がひらかれていくのです。

しばらく原稿に集中していたらもう夕方の六時。急いでお寺へもどると、家族が「腹減った」と待っていました。

ああ、主婦もさせていただいているのだと、現実にもどりました。

目の前の人が鏡になる

道を歩いていると、お寺の掲示板の言葉に目がとまりました。

親の言うことを聞かぬ子も
親のまねはかならず　する

ドキッとする言葉ですね。

子どもさんが言うことを聞かなくてイライラするという方もおられると思います。確かに「子どもと酔っ払いは正直」という言葉もあるように、子どもの言葉には遠慮がありません。

先日、友人のお宅へお邪魔しました。するとそこの五歳の子どもがいきなり

「お母さんの物真似してもいい？」と私に言うのです。「どうぞ！」と答えると、眉間にシワを寄せて怒鳴りつけるような顔をこっけいに作ってみせたのです。友人は「お母さんはそんな顔しないよ」とムッとして言いますが、子どもは「いつもこんな顔」と飄々《ひょうひょう》と物真似を繰り返すのです。よく親を観察しているものだなと驚かされました。


ある一通のメールが忘れられません。

「ぼくはまいにちがとてもくるしいです。しにたくもなります。ほとけさまはぼくがしんだらかなしみますか」

平仮名ばかりの文章なので、私は子どもが書いたものだと思いました。すぐに返事をしたのですが、返信はありませんでした。

それから三ヶ月たったある日、その子どもの母親からメールが届いたのです。

「最近、どうも子どもの様子がおかしいので病院に連れていったり、児童相談所にもいったりしましたが、何が原因かもはっきりしません。なにげなく私のパソコンの送信記録をみていたら、子どもが勝手にあなたへメールをしていることがわかりました。子どもはどうやってあなたのアドレスを探し出したのでしょうか、不思議です。それに親には自分が悩んでいることを言わずに、なぜ見も知らぬ僧侶のあなたにメールをしたのでしょう」という内容でした。

そこで私は、「子どもさんはきっと、悩んでいる自分を知ってくれる人を探していたのでしょう。どうかお母さん、どんなことでもいいから話を聞いてあげてください。子どもさんの心に問いかけてあげてください」と返事をしました。

それからそのお母さんは「何があったの？　心配しないで話してね」と優しく問いかけたそうです。すると突然、男の子は大きな声で泣き出したのです。そして、「お母さんはいつもお父さんの悪口を言ってる。僕は、お父さんとお母さんから生まれてきたんだよね。じゃあ、お父さんの子どもでもあるんだよね！　僕も悪口を言われているようで苦しい。それなのになんでお母さんはお父さんと一緒に住んでるの？」

　この質問に、お母さんは何も言えなかったそうです。自分の不平不満を愚痴という形で子どもにもぶつけていた。それを男の子はじっと耐えながら聞いていたのです。どんな難しい質問でも答えるつもりで子どもに問いかけたお母さんは、予想もしなかった言葉に返事ができなかったといいます。

　悩みや不満をこぼすお母さんの姿を見ても、どうすることもできなかった男の子は、それを自分の苦しみと悲しみにしたのです。それが「ほとけさまはぼくがしんだら……」という、あの私へのメールになったのでしょう。

　善導大師に、「経教は鏡なり」という言葉があります。

　お経は鏡となってあなたに本当の生き方を導いていくということです。同じように目の前の人も自分にとっては鏡となります。

　あなたが怒れば相手も怒る。

あなたが愚痴を言えば相手も愚痴で返す。
あなたが笑えば相手も笑う。
人とどう向き合うかで、相手もおのずと変わるのです。
そしてあなた自身も、誰かの鏡であることを忘れないでください。

あなたは皆とつながっている

東日本大震災から二週間たったころ、私の元へある女性からメールが来ました。「妙慶さん、ここから逃げ出したいのです。時間をかけて京都へ向かいます。どうか私を受け入れてくれませんか」。私はすぐに返事をして待つことにしました。彼女は、しばらくの間は行政が用意してくれた住宅に住むことになり、アルバイトの仕事も見つかりました。

それが、京都の生活にも馴染んできたのかなと思っていたときに、「やはり故《く》郷《に》へ帰ります」と言うのです。理由を聞くと、「はじめのころはこうして布団もある、水も食事もいただける、お風呂にも入れるという感動がありました。しかし、ここに居れば居るほど、やはり災害に遭ったあの場所が私の故郷なんだと思うようになったのです。だから帰って、被災者と共に生きてみようと決心しました」とおっしゃいました。彼女はもう心が決まったというお顔をされていました。
永年住み慣れた町を一瞬にして襲った津波。町の形もほとんど失われました。はじめは「もうこの町では住めない」と逃げてきた彼女ですが、時間がたつにつれ、「この私が今まで生きてこれたのは、故郷があってのことなのだ。身内ばかりか多くの他人がいて私もいたんだ」ということに気がつかされたのですね。彼女はこれまでの人生を、目には見えない「ご縁」というつながりの中で生きてきたのです。

一切の有情は、みなもって世々《せせ》生々《しょうじょう》の父母《ぶも》兄弟なり。

――『歎異抄』

私たちにはそれぞれの人生があります。しかし一人であるように見えても目に見えない有縁によって私たちは育てられ生かされているのです。

親鸞さんは、「父母の孝養のためとて、一返にても念仏申したることいまだ候はず」とおっしゃいました。一見、この言葉は「親鸞は何と冷たい人なのか」と誤解をまねきそうですが、親鸞さんは、自分の両親だけに特定してお参りするのは本当の先祖供養ではないとおっしゃりたかったのです。この言葉のあと、「それゆえに」から「一切の有情は……」と続きます。

確かに父を思い、母を思うことは大切なことです。しかしその父母をまた育ててくれた無数のいのちがあることを忘れてはいけないのです。

先日、町を歩いていると「私たち〇〇県人は清く正しく生きましょう」という

標語を見ました。気持ちはわからないでもないのですが、「○○県人は」と強調するのは、自分たちは特別だという意識がはたらいているのです。

それよりも、皆この大地につながっているという自覚が大切な気がするのです。

震災被災地のある男性からいただいたメールが忘れられません。

「私は妻と子ども三人の五人家族でした。毎日忙しく仕事をしている自分は、『私が妻や子どもを養っている』という気持ちでした。また、外で仕事をしている女性がたくましく格好よく見えたときもありました。家の中にしかいない妻は老け込むだけの女にしか見えませんでした。避難所の体育館の中では畳一畳分に私と妻が寄り添うように寝るしかありません。ふと妻の足を見るとまるでゴツゴツした岩のようだし、手は爪がめくれています。

『結婚したときはキレイな手だったのに……』

そのとき、ハッとしました。私が仕事にはげめるようにと、家で子育て、家事、身の回りのことを文句も言わずしてくれていたのだ。だからこんなガサガサの手になったんだと。私はこの地震で妻と近づけた気がしました」というのです。

あなたを陰で育ててくれた人は無数にいます。今もいます。

私たちはたった一人では生きていけません。

どうかそのことを忘れないでください。

孤独から救われるには

毎日のように電話をかけてきてくれる友人がいました。なんとなく人恋しいときに電話をくれると嬉しかったものです。しかし、自分が忙しくなってくると、この同じ電話がとたんに鬱陶《うっとう》しく感じられたりします。人間身勝手なものですね。私たちの感情はいつも矛盾を抱えています。例えば、孤独感。独りになる不安、寂しさでいっぱいになると、仲間と共にいたい、仲間に囲まれて生きていたいという気持ちになります。

そうかと思えば、人に裏切られたと感じると、もう人間なんかイヤだと壁を作って生きようとする自分がいます。裏切られた辛さが人を受け入れられなくしてしまうのです。孤独というよりは孤立の世界です。

二人デ居タレドマダ淋シ、
一人ニナツタラナホ淋シ、
シンジツ二人ハ遣瀬《ヤルセ》ナシ、
シンジツ一人ハ堪ヘガタシ。

――北原白秋「他ト我」

よくいったものですね。

人という字は、二人の人間がお互い支え合っている形をしています。片方がいなくなったら、もう一人の私はすてんと倒れてしまいます。つまり人は自分を支えてくれている誰かを「当て」にして生きていることになりますが、このことが悩みや苦しみの種になるこ

ともあります。不安な気持ちのときに、頼りにしていた人に裏切られたりすれば、まさに「当て」が外れて、悩みをいっそう深めてしまいます。

近年、書店で見かける本のタイトルに多いのが「〇〇力」です。聞いただけでも生きるエネルギーをくれるという、そんなイメージですね。

さて、力というものは三つのはたらきをもっています。「止まっているものを動かす力」「動いているものを止める力」「方向を変える力」、この三つです。「力」には体力、金力、学力、観察力、組織力、説得力から権力に至るまで、数え切れないほどありますが、悲しみを喜びに変える力というのはあるのでしょうか。あるいは人間の人生をつらぬいて、崩れることのない力は、はたしてあるのでしょうか。

例えば、プロのスポーツ選手の場合の「精神力」はどうでしょう。それは訓練によってかなり鍛え上げることができます。しかし自力で鍛え上げた精神力をもってしても、試合に敗れたり成果が出なければ落ち込んでしまいます。スポーツ選手を専門にしている精神科医は、失敗した選手を診療するのにはものすごい労力がいると言っています。

それが人間というものです。

そんな落ち込んだ私たちを救ってくれるはたらきが「本願力」です。阿弥陀さまが人々を救いたいと願われる、この本願とは力なのです。本願力とは、どんな苦しい状況からでも、それを喜びに変えるエネルギーです。親鸞聖人もおっしゃっておられます。

本願力にあいぬれば
むなしく過ぐる人ぞなき
功徳の宝海みちみちて

煩悩の濁水へだてなし

――『高僧和讃』

阿弥陀さまの本願に出会った人は、空しい時間を過ごすことはなくなります。そしてそのとき、この世界はすばらしい宝物に満ち満ちた大海となって、私たちの小さな煩悩もその広々とした海の中に呑みこまれていくのです。

その仏の心にふれていただきたいのです。本願に出会うということは「本当の私に気がつく」ということなのです。目覚めるということなのです。

今まで見えなかったものが見えてくる、今まで気づかなかったことに気づくようになる。この目覚めたところから生きることが始まります。

本当は生きたい

「それほどの悩みがあるわけではないのに、なんとも空しい」、そう感じたことはありませんか。知らないうちにため息ばかりが出てくる。どうしてでしょうか。

人は、温かい家庭があっても、仕事に不満がなくても、突然、空しさに襲われることがあります。

私は十五年間、さまざまな人と向き合ってきて感じたことは、人間は貧しさや悲しみにはかなり耐えられるものだな、ということです。人は貧しくても辛くても、生きる意欲を失わないかぎり、なんとか耐えていくことができます。しかし、空しさにだけは耐えられません。自分が何のために生きているのか、生きがいが見出せなくなると、心にぽっかりと空いた大きな穴に、孤独が忍びこんでくるのです。

市バスの乗務員さんから聞いた話ですが、ある身なりのいい年配の男性が、毎日バスに乗車すると、決まって乗務員さんのすぐ後ろの席に座るそうです。そして景色を見ながら、お客さんが少ないときには乗務員さんに声をかけるというのです。あるとき、事情を聞いてみたところ、自分はお金には不自由していないが、何でも話ができる友人がいないことがたまらなく寂しいのだと。生きていても意味が感じられない。だからせいぜい車窓から動いていくものを見て空しさを紛らわしていると言うのです。この話を聞いて何とも言えない気持ちになりました。

仏教ではそのことを「有愛《うあい》」、「非有愛《ひうあい》」と教えています。

有愛というのは、死にたくないという生存欲です。有愛は皆が持っている素直な気持ちです。例えば「あなたはあと三年しか生きることができない」と宣告されたとします。誰にとっても、これは耐えがたく辛いことですね。この辛さは、「もっともっと生きたい」という人間の欲、執着から来ています。これが有愛です。

非有愛というのは、反対に「生きていたくない」ということです。実はこれも人間の持っている欲です。動物には有愛、非有愛という意識がありませんから、本能のはたらきによるものを別にすれば、動物が自殺したという話は聞いたことがないでしょう。人間だけが自死を考えるのです。そして自死する人に年齢は関係ないのです。九十歳以上の高齢でも自死を選ぶ人がいます。人間はいつか死ぬとわかっていても、それでも自分から死にたいという衝動に襲われることがあります。

私たちは相反するものを心の中に抱えているのです。死を宣告された人は、それを受け入れることができず、有愛に激しく執着します。反対に健康であっても、たまらない空しさを感じると非有愛に執着します。悲しいことにど

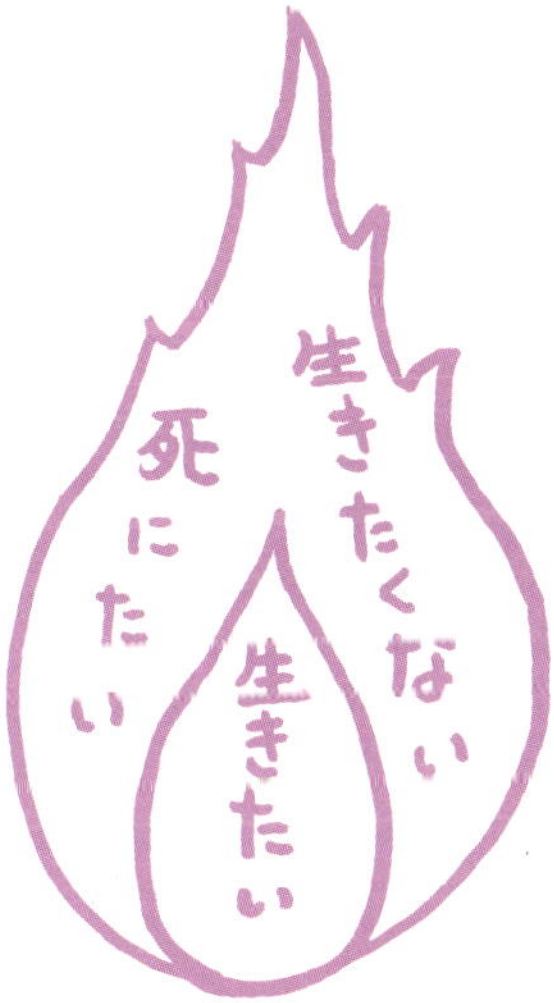

ちらも煩悩です。

友人の医師がこんなことを言っていました。いつも病院に来る年配の女性が、「どうせ私は生きていても意味がない。死にたい。いつ死んでもいいわ」とぼやくのだそうです。ところが手提げ袋を見ると、栄養ドリンクを山ほど買い込んでいたということです。空しさを口にしても、この身は死にたくないということでしょう。ありそうな話ですが、それも煩悩と思うと笑えません。

ご存知のように「自死」する人が後を絶ちません。心の問題ばかりではなく、身体がどうにもならないこともあるのです。特に「鬱」の症状で薬を処方されている方は、副作用が心のほうにも影響することがあります。また治りかけが一番怖いというのも聞きます。だから元気になりかけたときこそ要注意なのです。これも有愛と非有愛に引き裂かれているということでしょうか。

辛いとき、思い切って泣いてみましょう。大人になると、恥ずかしさから泣くことにためらいを感じたりするものですが、ときには泣いて泣いて、声がかれるまで泣くことも必要です。あふれる涙が、たまっていた感情を押し流します。その涙が自分を取り戻すきっかけとなることもあります。泣くことで、自分が執着していたものの正体がはっきり見えてくることもあります。

どんなことがあっても、いのちを大切に。あなたの身体はいのちが尽きるまで「生きたい」と言っているのですから。あなたが感じている空しさに押しつぶされそうになっている、もうひとりのあなたは「生きたい」と叫んでいるのですから。

あなたは独りではない

「私の人生なんだから、他人にとやかく言われたくない」

あなたにも他人の意見をはねのけて生きてきたところがありませんか？　そうしてムキになっているかと思えば、「そうは言ってもな。自分に自信ないな」と弱気の虫が顔を出すこともあります。

素直になればいいのに、人間にはプライドがありますから、自分より少しでも立場が下だと思った人には、なかなか相談もできません。

そういう人の本当の辛さは「心の底から話せる友人がいない」ということではないでしょうか。裏を返すと、「聞いてくれる人がほしい」という訴えになります。

しかし残念ながら、相手からはなかなか尋ねてくれないものです。

これが娑婆世界を生きるということなのです。自分から心を開くしかないのに、さらに自分の立場にだけ立って、相手が聞いてくれなかったと、他人のせいにしてふてくされたりするのです。そのあげく、自分を自分で責めることしかできなくなってしまいます。

ところで、幽霊というのは本当にいるのでしょうか？　幽霊は手がだらーっと下がっています。そして足がありません。それは大地に足がついてないまま、さ迷っている姿です。そして「うらめしや」というのは他人を責める心です。人間ならば、自分の過去が許せなくて永遠に愚痴を言っている、そんな状態です。過去ばかりを引きずってもどうにもならないのに。

恩師は、つい愚痴をくりかえす私たちに、「忘却で生きてみるのもいい」と励ましてくれました。つまり、忘れることも尊いことなのだというのです。ともすれば人間は、「あのことは許せない」「あの人と出会ってなければ私の人生も変わったのに」と過去ばかり引きずっているのです。この過去の思いを引きずるというのは人間だけだそうです。動物は引きずることはしません。これが人間だけが自殺をする理由なのかもしれません。

私たちが「死にたい」と思うときは、誰からも見捨てられたような孤独を感じたときです。しかし孤独だと感じられればまだ救いがあります。本当に怖いのは、自分から他者を断ち切ってしまうことです。これが孤立です。

そんなとき、どうすればいいのか。自我の殻であるプライドを自分から打ち砕き、そのままの「私」をさらけ出すしかありません。それはどうやって？

親鸞聖人は決して難しいことをおっしゃっているわけではありません。「南無阿弥陀仏」のお念仏をいただきましょうとおっしゃったのです。

これは阿弥陀仏の名号《みょうごう》を唱えるということです。阿弥陀さまからの名のり、叫びを聞いてほしいということです。

例えば、暗い夜道で母親とはぐれてしまった子どもには、声だけがたよりですね。「母さん！　どこ？」と叫びます。親は「ここだよ」と答えます。この声を聞いて子どもはほっと安心します。それが「名」を呼び合うということです。「名」という字は「夕」と「口」が合わさった字です。「夕」は暗くなっていく様子を表しています。「名号」を唱える意味は、「これから人生で行く先の見えない道が続くだろうが、阿弥陀さんは必ずあなたの側にいるよ。だから声を出し合おうよ」ということなのです。

それはやまびこです。ヤッホーと言えば、ヤッホーと返ってくる。あなたが「しんどいよ」と叫べば阿弥陀さんは「しんどいだろう。心配しなさんな。側にいるから」とそのまま受け取ってくださいます。

お浄土は死んで亡くなる場所ではありません。生きているうちに、自分が立ちあがれる場を、阿弥陀さんからいただく、そんな世界なのです。

「孤独者」でも「孤立者」でもなく、すべてから学んでいける「自立者」として生きていきましょう。決してあなたは独りではないのですから。

あとがき

二〇一〇年十二月に二玄社さんから『ほっとする親鸞聖人のことば』を発行してから「人生捨てたものじゃない」、「生きる希望をもらいました」と、多くの皆様から反響をいただきました。

あれから約一年。この日本は大きく変わりました。忘れもしない東日本大震災。その影響が引き金となった福島の原発事故。多くのいのち、住居、思い出、仕事も一瞬にして失われました。その中で人間はいのちの危険を感じながら、孤独と不安のうちに生きなければならなくなりました。

被災地から「私、寂しい」とメールが届きます。もちろん被災者だけではありません。雑踏の中にいても、普通に家族と生活していても、心にぽっかり穴があいたようで空しいとい

う人のメールが後を絶ちません。

人間は「つながり」を感じることができなくなったとき、大きな孤独がおそってくるのです。

人間は、何でもないちょっとしたお声がけ、人の温もりを感じることで生きる希望を持つことができるのです。

この本は私独りの考え、発想で書くことはできませんでした。お釈迦さまがおられ、その言葉を受け継がれた歴代の僧侶、そして親鸞聖人、師匠、友人、皆様からのメールや日々の法務で出会った方々がいてこそ、書くことができたのだと思っています。目に見えない多くの人間の「受け継がれ」があって、ひとつのものができるのですね。

これまでの日本は繁栄や便利さだけを求めてきたような気がします。人とのつながりより、人より抜きん出ることを考えていたのではないでしょうか。しかし、もうそういう時代ではありません。人と人の間に生きてこそ、人間にならせていただくのです。

すべてのものは「あたり前ではなく、いただく恵み」なのです。だから感謝の心はどこに行っても忘れてはならないのですね。感謝をいただくと自然と頭が下がってきます。それが

「南無阿弥陀仏」のお念仏なのです。

どうか、偉く尊敬される人間より、すべてに頭を下げることのできる人になりましょう。相手を尊敬できる人間になりましょう。頭が下がったところから、人はつながっていけるのです。

仏さまは「あなたを独りにさせません」と、いつでも手を差し伸べておられます。どうか安心して生きていきましょう。

最後に、出版にあたり共にアイディアをくださった二玄社の結城靖博さん、利倉隆さん、他関係者の皆様にこの場をおかりして御礼申しあげます。

そしてあなたにとってこの本が、人生の一冊となりますことを願っています。

初秋の京都より

川村妙慶　拝

撮影：高橋章夫

川村妙慶(かわむら・みょうけい)

真宗大谷派僧侶・アナウンサー。1964年、北九州市門司港生まれ。現在　京都在住(真宗大谷派・正念寺)。親鸞聖人の教えをわかりやすく伝えたいと、寺院、喫茶店、列車内、NHK文化センター、よみうりFBS文化センター、ラジオなどで全国を回る。13年前からネット上での日替わり法話を立ち上げ、悩み相談が寄せられる。ヤフー人名検索2007年度1位。『ほっとする親鸞聖人のことば』(二玄社)ほか著書多数。産経新聞お悩み相談担当。TBSテレビ「坊さん駆け込み寺」、日本テレビ「これってありですか？」などテレビでのコメンテーターとしても活躍。

http://myoukei.com(妙慶の日替わり法話)

独《ひと》りじゃないよ

二〇一一年九月 五 日初版印刷

二〇一一年九月二〇日初版発行

著　者　川村妙慶《かわむらみょうけい》

発行者　渡邊隆男

発行所　株式会社　二玄社

東京都文京区本駒込六―二―一　〒113―0021

電話　〇三(五三九五)〇五一一

Fax.　〇三(五三九五)〇五一五

http://nigensha.co.jp

印刷所　モリモト印刷株式会社

製本所　株式会社積信堂

ISBN978-4-544-05136-0　C0095